大学生职业生涯规划发展研究

贺 维 ◎ 著

中国商业出版社

图书在版编目（CIP）数据

大学生职业生涯规划发展研究 / 贺维著. -- 北京 :
中国商业出版社, 2023.6
ISBN 978-7-5208-2527-6

Ⅰ. ①大… Ⅱ. ①贺… Ⅲ. ①大学生－职业选择－研究 Ⅳ. ①G647.38

中国国家版本馆 CIP 数据核字(2023)第 119197 号

责任编辑：聂立芳
策划编辑：张　盈
中国商业出版社出版发行
（www.zgsycb.com　100053　北京广安门内报国寺1号）
总编室：010-63180647　编辑室：010-63033100
发行部：010-83120835/8286
新华书店经销
北京银祥印刷有限公司印刷
*
710毫米×1000毫米　16开　12印张　202千字
2024年1月第1版　2024年1月第1次印刷
定价：79.00元
* * * *
（如有印装质量问题可更换）

前 言

随着我国高等教育的快速发展，高等学校毕业生人数逐年增加。大学毕业生数量的逐年上升，使得就业形势更加严峻，此背景下大学毕业生的就业率及职业发展前景越来越受到党、国家和社会的高度重视。党的二十大报告明确提出，实施就业优先战略，强化就业优先政策，健全就业促进机制，促进高质量充分就业。

就业是大学毕业生人生中一个非常重要的转折点，是决定大学毕业生未来生活质量的重要因素，因此，各大高校必须面对如何帮助大学生做好职业生涯规划，如何在学生毕业之后帮助其找到一份合适的工作。这一问题的解决无论是对于大学生来说，还是对于高校本身来说都非常重要。对于大学生而言，就业不仅是其面临的重大抉择，也是其人生极为重要的转折点，严峻的就业形势虽然带给了大学生极大的压力和挑战，但同时也为大学生带来了更多的机遇。如何以良好的状态参与就业竞争，如何为自身的职业生涯发展奠定扎实的基础，是每个大学生都需要冷静思考的问题。

本书共分为七章。第一章对大学生职业生涯规划相关理论进行了系统阐述，包括职业生涯规划的内涵、意义、影响因素、原则及常见误区等；第二章对大学生职业生涯规划的自我探索进行了研究，包括大学生职业能力探索以及价值观探索等；第三章针对大学生职业生涯目标与职业决策相关问题进行了研究，并提出了大学生职业生涯规划方案的制定方式；第四章提出了大学生的就业准备和求职技巧，包括大学生就业信息的搜集、分析及择业技巧，求职就业过程中的礼仪知识以及求职时的面试与笔试等；第五章针对大学生就业的心理调适与权益保障进行了研究，并提出了相对应的解决方式；第六章研究了大学生就业的素质能力提升问题，包括职业素质培养、职业能力提升、职场情商培养、人际关系培养以及创新能力提升；第七章从大学生就业创业的角度出发，对大学生的就业创业教育进行了研究，包括大学生就业创业教育的教学方法创新、就业创业教育课程体系的建设以及大学生就业创业教育的学科化趋势等。

本书由：2022 年湖南省职业院校教育教学改革研究项目“立德树人视

域下‘四史’教育融入高职思政课教学的创新与实践研究”（ZJGB2022203）；2020 年湖南省教育厅科学研究项目“抗疫精神融入高职学生思想政治教育的价值与路径基础”（20C0698）资助出版。

本书在写作过程中，参考了一些专家学者的研究成果，在此表示诚挚的感谢。由于时间和精力的限制，本书内容可能会存在疏漏，恳请广大读者予以批评指正。

作　者

2022 年 11 月

目 录

第一章　大学生职业生涯规划理论研究

第一节　职业生涯规划的科学认知

一、职业生涯规划的内涵及特征

所谓职业生涯规划，是指通过个人和组织相结合，对个人职业生涯的主客观条件进行测定、分析、研究和总结，尤其是在对自己的兴趣、爱好、个性、能力、价值观、特长、经历以及存在的不足等各方面进行综合分析的基础上，确定最佳的职业奋斗目标，并为实现这一目标做出行之有效的安排。一个人的职业生涯规划是他的人生规划的主体部分，要根据实际条件具体安排。同时，未来具有不确定性，因而职业生涯规划也需要确立适当的变通性。

一个人的职业生涯是生活的重要组成部分，选择了一份职业，就是选择了一种社会角色，进而选择了一种生活方式。每个人都应该是自己人生事业的规划者和耕耘者，规划自我、发展自我，为实现自我价值创造机会，并扬长避短，才能最终迈向成功。职业生涯规划不仅可以使人找到自己喜欢且适合的工作，更重要的是，它将引导我们努力去追寻自己理想的生活方式。

职业生涯规划的特征，主要表现在以下几个方面。

（一）发展性特征

职业生涯是一个连续不断的动态发展过程，是个体在职业发展中不断调整和完善的产物。个人通过积累职业经历，可以不断地转换职业和角色，进而实现个体人生价值的最大化。因此，个人的职业规划应有弹性，并能随着外部环境和自身条件的变化随时对自己的职业发展目标进行调整。

（二）个性化特征

发展的动力源泉是自身，因而个人的职业规划必须由自己主导。在社会生活中，每个人的成长环境、文化背景、个性类型、文化资本构成、价值观、能力、职业生涯目标以及对成功评价的标准等是不尽相同的，从而造成每个人的职业生涯历程与其他人不同，进而形成自己独特的职业生涯。所以有的人选择了警察职业，有的人选择了保安职业，于是就形成了两种不同的职业生涯发展历程；即便是同时选择了工人这一职业的两个人，也会有不同的发展历程。

（三）开放性特征

职业生涯虽然是个人的职业经历，但人是社会的人，因而职业规划不能忽视社会、企业环境和他人的影响。个人的职业发展是个人和他人、个人和组织以及个人与社会互动的结果。在制订自己的职业规划时，若只从个人愿望出发，而不考虑社会和企业环境的需求与发展趋势，不仅无法实现规划目标，就连执行规划时可能遇到的强烈挫折感都会让人沮丧不已。一份有效的职业规划必须是在对主客观环境审时度势的基础上，在广泛听取领导、同事、家人以及职业顾问的意见后制订出来的。当然，有效的个人职业规划在开放的社会中也不是一成不变的，它还会经历数次的调整和修正。

（四）可规划性特征

职业生涯的发展过程虽然充满了各种不确定因素，但是，从长远的角度来看，职业生涯是可以规划的。每个人都可以依据自己的实情，对自己的职业生涯进行规划，进而实现自己的职业梦想。由于职业生涯具有实用性和可操作性，因而很多高校都开设了职业生涯教育课程。每个大学生都可以依据自身的条件，勾画出丰富多彩的人生职业生涯道路，并通过奋斗去实现自己的职业理想。

（五）不可逆转性特征

每个人在职业发展的过程中虽然都可以转换职业角色，但是，每个人的成长都是一个自然发展的过程，必须遵循从盛到衰的规律，必须经历从青春期到老年期的职业发展过程，这一过程是任何人都无法逾越和逆转的。因此，在进行职业规划时，要充分认识到职业生涯的这一重要特征，把握住人生的最佳时机，科学地规划好自己的人生道路。

二、职业规划的构成要素分析

职业规划主要是由知己、知彼、抉择、目标和行动五大要素构成的。

（一）知己

知己就是对自身条件的自我认识与自我了解。要充分地认识自己、了解自己，包括自己的性格和气质特征、兴趣爱好、天赋、能力、价值观，以及家庭、学校与社会教育等对个人的影响。

（二）知彼

知彼就是熟悉周围的环境，特别是与职业生涯目标发展相关的工作内容，包括职业特征、职业要求、职业发展前景和行业及职业薪酬、就业政策、就业形势、组织发展战略、晋升机会等。

（三）抉择

抉择就是在知己知彼的基础上，根据自己对外界的分析结果，确定符合现实、能充分发挥自己专长和强项、自己有浓厚兴趣并且与环境相适应的职业目标。包括抉择技巧、抉择风格以及抉择可能面临的冲突、阻力和助力等。

（四）目标

目标就是在抉择之后，考虑自己职业生涯的前景，确定切合实际的目标，并以此指导行动。

（五）行动

行动是职业规划中极其重要的一个环节。如果没有行动，前面的所有工作做得再好都没有意义。

职业规划的五大因素是相互联系的，知己是了解自己本身特性，知彼则是了解工作本身的特性，只有知己知彼，才能确定个人的职业生涯目标符合现实，而不是一厢情愿。对自己从事的职业感兴趣，而不是被动地工作。对从事的工作发挥专长，利用了个人的强项，对工作的环境能够适应，而不是感到处处困难。知己知彼又是抉择、确定目标和付诸行动的现实基础，只有将五个因素紧密结合在一起，才能制订出科学的职业规划。

三、职业规划的内容及分类

（一）职业规划的内容

具体来说，职业生涯规划的内容，可以分为以下几个方面。

1．分析自我职业性格

分析自我职业性格，即要全面了解自己。一个有效的职业规划必须是在充分且正确认识自身条件与相关环境的基础上进行的。因此，在进行职业规划时，要审视自己、认识自己、了解自己，做好自我职业性格分析，包括自己的兴趣、特长、性格、学识、技能、智商、情商、思维方式等，明确自己想干什么、能干什么、该干什么、在众多的职业面前最终会选择什么等问题。

2．确定职业目标

职业目标是追求成就的推动力，有助于排除不必要的犹豫，全身心地致力于目标的实现。职业目标通常是在自我调查、评估、定位之后，根据社会的需要和环境的许可程度，将自我动机和需要以奋斗目标的形式与社会需要相结合来确定的。确定职业目标是制订职业规划的关键。职业目标通常有短期目标、中期目标、长期目标和人生目标之分。短期目标相对具体，对人的影响也更直接，是长远目标的组成部分。长远目标需要个人经过长期艰苦努力、不懈奋斗才有可能实现。长远目标的确立要立足现实、慎重选择、全面考虑，使之既有现实性又有前瞻性。

3．确定成功标准

职业发展的领域有管理和技术两种形态，不同职业目标的成功标准是不同的。

管理型成功标准。管理型的人考虑问题比较理智，善于从宏观角度考虑问题。他们能在信息不全的情况下，分析解决问题，还善于影响、监督、率领、操纵、控制组织成员和依法使用权力。他们的成功标准是：承担的责任越来越大，管理越来越多的下级，独立性越来越大。

技术型成功标准。技术型的人通常喜欢独立思考，做事谨慎细致。工作需要的技术是他们职业选择时的主要注意力。面临职业提升时只愿在技术职能区提升，而不愿到全面管理的位置。他们的成功标准是，能够在本技术区达到最高管理位置，并保持自己的技术优势。

4．制订职业发展道路计划

职业生涯发展道路计划应该包括以下三个方面的内容：一是能够描述各种流动的可能性；二是能够反映工作内容、组织需要的变化；三是能够详细说明职业生涯通路的每一职位的学历、工作经历、技能和知识。

5．明确需要进行的准备和培训

不同的职业规划所要做的准备和需要进行的培训是不同的。在职业生涯中，应该列出一个目录，包括自己什么做得好，什么做得不好，接下来自己需要什么，等等。当然，在职业生涯中也要明确自己拥有哪些资源，应该准备什么以及应该接受哪些方面的培训和如何才能有效地运用培训的成果。

6．列出大概的时间安排

职业规划应该以职业目标为方向，以三年为单位，提出近期、中期与远期目标。近期目标应进一步明确当年的具体目标，并将当年的目标分解为季度目标、月目标、周目标、日目标。职业规划还应列出每一阶段职业目标的实现时间，以保障职业规划长远目标的实现。

（二）职业规划的类型

1．按照不同的规划主体进行分类

按照不同的规划主体，可以将职业规划分为员工职业规划和个人职业规划。

（1）员工职业规划。员工职业规划涉及企业未来的发展、组织机构的设置、培训机制、企业文化、考核机制和晋升机制等内容。在不同时期，每个人的价值观、家庭环境、工作环境和社会环境都会发生改变，这将会导致职业期望也随之产生或大或小的变化。所以说，员工职业规划是一项系统的、复杂的、动态变化的管理过程。

（2）个人职业规划。个人职业规划和个体所处的家庭、组织以及社会存在密切的关系。特别是对大学生而言，离开校园开始步入社会所面对的是一个崭新的世界，个人的言行对今后的发展甚至一生都可能产生不可估量的影响。

2．按照时间维度进行分类

按照时间维度，可以将职业规划分为短期规划、中期规划、长期规划和人生规划。个人职业生涯设计从短期到中期，再到长期，直至整个人生规划，如同上台阶，一步步地发展。

（1）短期规划，是指两年以内的规划，主要是确定近期目标，规划近期应完成的任务。

（2）中期规划，一般涉及 2～5 年的职业目标和任务，它是最常用的

一种职业生涯设计。

（3）长期规划，是指 5～10 年的规划设计，主要是设定较长远的目标。

（4）人生规划，是指整个职业生涯的设计，时间长至 40 岁左右，设定整个人生的发展目标和阶梯。

值得注意的是，这并不适用于实际操作，因为时间跨度太短的规划没有多大意义，时间跨度太长的规划则会由于环境、个人的变化而难以把握；只有 2～5 年的中期计划既便于根据实际情况设定可行目标，又便于随时把握现实的反馈进行修正和调整，所以个人职业规划掌握在 2～5 年较为合适。

第二节　职业生涯规划的意义及影响因素

一、职业生涯规划的意义

职业生涯活动伴随我们的大半生，甚至更长远，拥有成功的职业生涯人生才可能更完美。因此，职业生涯规划，只要开始，就不会晚，职业生涯规划对于实现自己的人生价值，对于人一生的幸福和满足都具有特别重要的意义。具体可以表现在以下几个方面。

（一）大学生进行职业生涯规划对个人的意义

职业生涯规划对于个人的意义在于帮助规划者寻找适合自身发展所需要的职业，实现个体与职业的匹配，实现个体价值的最大化。主要体现在以下几个方面。

1. 职业生涯规划是满足人生需求的重要手段

美国心理学家马斯洛指出："人是永远不能满足的动物。"他提出了著名的"人生需求理论"，指出人的需求由低级向高级层次推进，即生理的需求→安全的需求→友爱和归属的需求→受尊重的需求→自我实现的需求，如图 1-1 所示。

这里需要强调的是，较高级的人生需求，如社交需求、尊重需求、自我实现需求是无限的，必须通过满足社会公众和他人的需求才能实现。而一份职业能够带来生命赖以存活的食物、水等物质，能够带来一个安全舒适的住房以供休息放松，也能够带来人们的认可、尊敬、友爱，更带来幸福的成就感。

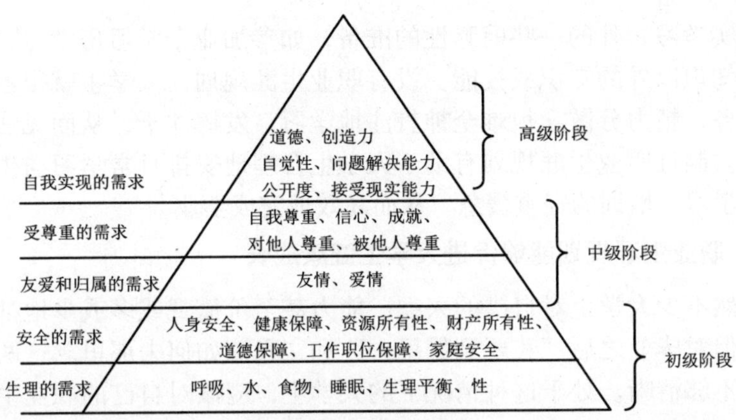

图 1-1 需求层次

现代人大部分的需求都要通过职业生涯活动得以满足。职业生涯是个体生命中投入时间最长、精力最多的人生组成部分。人的需求越高级，对职业生涯的期望也就越大，也就更需要职业生涯规划。

2．职业生涯规划是促进人全面发展的重要手段

随着生活水平的提高，人的自我意识逐步增强，人们的要求已经不仅仅停留在健康、财富的基础上，而是渴望拥有丰富的知识、卓越的能力、良好的人际关系、幸福的家庭、多彩的休闲时光……要获得全面发展，就要对自己有一个全面的认识，要根据自身情况选择人生的发展路线，这就离不开职业生涯规划。

3．职业生涯规划能够帮助大学生重新认识、评价自我

每个大学生都有自己的特长，这在职业生涯中可能促使大学生走向成功，关键在于在职业发展过程中如何运用自己的优势和特长。职业生涯规划能够帮助大学生通过测评和自省重新认识和评价自我，进行自我全面的分析，从而了解自己的兴趣爱好、个性特征，引导学生对自己的综合优势与劣势进行对比，明确自己的职业理想和职业发展目标，正确地评估目标与现实之间的差距，并结合实际来确定自己的职业定位，搜索发现新的或有潜力的职业机会；可以帮助学生学会如何运用科学的方法采取可行的步骤与措施，不断增强职业竞争力，实现自己的职业目标与理想。

4．职业生涯规划能够帮助大学生积极高效地完成自己的学业

人生目标的实现不仅包括大学生在学习中的表现及成绩，而且还包括超出现实学习之外的一些前瞻性的准备，如参加业余学习班学习，掌握一些课本知识以外的知识或技能。没有职业生涯规划，大学生就很容易陷于烦杂事务，精力分散，很难全神贯注地学习、发挥才干，从而无法实现人生目标。制订职业生涯规划有助于大学生合理地安排日常学习与生活，评价各种学习、培训的轻重缓急，从而高效地完成学业。

5. 职业生涯规划能够促进大学生健康成长

虽然不少大学生对自己的兴趣、能力甚至价值观或多或少地都有一些了解，但对毕业之后"我要到哪里去"和"我该如何去那里"这两方面的认识还不够清晰。处于这种情况下的大学生，应该对自己的职业生涯加以规划，因为职业生涯规划对大学生成长有着极为重要的意义，主要表现在以下四个方面。

（1）发掘大学生自身潜在资源优势。在大学期间，有许多学生对自己并不了解，尤其是不了解自身的优势和劣势。职业生涯规划能够帮助大学生集中精力，全神贯注地学习与工作，为实现自己的职业目标尽可能发挥潜能。通过有效的职业生涯规划，可以使学生认识到自身的个性特质、现有的和潜在的资源优势，对自己的综合优势和劣势进行对比分析；认识自身的价值，着力培养某些职业特质；树立自己的职业发展目标和职业理想，避免在职业选择过程中的盲目性和不切实际性；较客观地评估自己的目标与现实之间的距离，为获得自己认为理想的职业而去做各种准备；规划自己的学习与实践，运用科学的方法采取切实可行的步骤和措施，不断增强职业竞争能力，实现自己的职业目标与理想。

（2）增强大学生就业的核心竞争力。好工作不是依靠运气得来的，它是多种因素共同作用的结果。对于大学生来说，影响其求职的因素包括学校培养质量、专业与社会需求和来自学生的变量，如大学生综合素质、就业观念、性别、就业技巧、生源地与家庭背景，以及学校职业指导工作是否到位等。其中，属于大学生本人能够控制的因素主要是大学生素质、就业能力与技巧。大学生的求职材料是大学期间学习、生活的真实写照。大学生如果及时做好了自己的职业生涯规划，就会努力学习科学文化知识，不断朝着自己预期的方向前进，就业中的核心竞争力就会潜移默化地增强。

（3）增强大学生的自信心。信心对大学生职业生涯的成功起着至关重要的作用。职业生涯规划的本质就是不断学习，随着知识的积累、接受的培训和教育的增多，大学生对自己和职业工作认识的加深，自信心也就会逐渐建立起来。

（4）减少大学生职业试错过程。大学时期正处于学习生涯结束期和职业生涯开始期，是大学生职业生涯早期的学习探索阶段，在这一交替时期，大学生应认真地探索各种可能的职业选择，对自己的天资和能力进行现实的评价，并根据未来的职业选择做出相应的教育决策，最终完成自己的初次就业。在这一时期，合理规划职业生涯之路，不仅有助于缩短职业适应期，减少职业试错过程，而且对今后的职业成功及对社会的贡献都会很大。

6. 职业生涯规划能够激发大学生潜能

一个大学生的潜在能力其实是无限的，需要我们充分挖掘，只有善于激发大学生潜能，才会努力学习从而实现能力的提高。职业生涯发展规划能够帮助大学生集中精力，为实现自己的职业目标尽可能地发挥潜能。没有制订职业生涯发展规划的人，容易陷于烦杂事务中。精力分散，于是很难全神贯注地工作，也很难充分发挥自己的才干。比如，在大学期间，并不是每个大学生都在组织协调、科研发明等方面有优势，只有一部分学生在这些方面有很大的潜能。所以，一旦赋予这些大学生以工作任务和目标，调动他们内在的激情，他们都会通过努力学习、专心实践，充分激发潜能，最终将工作和学习完成得很好。

7. 职业生涯规划能够帮助大学生提升自身的价值

职业生涯规划能够帮助大学生认识自身的个性、特点和现有的潜在的资源优势，重新认识自身的价值并使其持续增值。因为在职业生涯规划过程中，要求规划者对自身的价值重新进行评估，并通过层层递进的评估重新审视自己，重新认识自己的价值。在此基础上，根据职业方向来确定自己所需要进行的培训和制订相应的行动计划，从而进一步增强自己的职业竞争力。

8. 职业生涯规划能够帮助大学生立足现有成就确定崇高奋斗目标

事实证明，许多在事业上失败的人，并不是没有知识和能力，而是在于他们没有很好地规划自己的职业生涯，没有确定合适的目标。目标能够帮助大学生从现在走向未来，只有明确了目标，大学生才有奋斗的动力，才会积极地创造条件实现目标；只有明确了目标，大学生才能找到与自己最匹配的职业发展道路。职业生涯规划首先要做的就是防止自己产生混沌度日的倾向，培养危机意识，使自己自发、迫切地感到：这是我走向成功必须具备的意识，而且有了这种意识，我在平时生活中可以看得比别人更远，想得比别人更深，做事更有毅力和决心。如果我想站在更高的起点，到达更辉煌的终点，我需要为自己进行职业生涯规划。因此，大学生职业生涯规划尤为重要，能够帮助他们在认识自我的基础上确立自己今后的发展方向，并且通过对外部环境和自我的分析更好地确立实现事业成功的策略。

9．职业生涯规划能够帮助大学生全面了解社会资讯，掌握更加经济有效的求职手段

生活在象牙塔内的大学生们，常常缺乏对社会、外部职业资讯的了解。在职业生涯规划过程中，学生需要不断获得包括职业、组织、社会等在内的多方面的外部信息。获得的外部信息越多，心理上的准备也就越充分，在规划自己未来发展的时候，就能够根据社会的需要，考虑眼前利益和长远发展的关系，合理地规划自己的未来。

同时，当今社会的职场竞争非常突出，做好自己的职业规划才能做到心中有数，不打无准备之仗。不少应届大学毕业生不是首先做好自己的职业生涯规划，而是拿着简历与求职书到处乱跑，总想撞到好运气，找到好工作。结果浪费了大量的时间、精力与资金，到头来感叹招聘单位有眼无珠，不能“慧眼识英雄”，叹息自己英雄无用武之地。这部分大学毕业生没有充分认识到职业生涯规划的意义与重要性，认为职业生涯规划纯属纸上谈兵，简直是耽误时间，有那时间还不如多跑两家招聘单位。这是一种错误的观念，实际上未雨绸缪，先做好职业生涯规划，磨刀不误砍柴工，有了清晰的认识与明确的目标之后再把求职活动付诸实践，这样的效果要好得多，也更经济、更科学。

10．职业生涯规划能够帮助大学生抓住工作的重点

任何事情、任何项目都有其重点，工作也如此。如果不能按照工作重点的轻重缓急进行排序，不能紧紧抓住工作的重点，必然是对工作面面俱到、浅尝辄止，导致重要的工作往往没有足够的精力去认真完成，其结果就是难以成功。一个大学生要想成就一番事业，只有树立明确的目标，抓住工作的重点，才会有意识地为工作重点下最大的功夫，为工作需要创造最有利的条件，从而取得成功。总之，没有职业生涯发展规划，很容易为日常琐碎的事务所困扰，无法实现人生目标。通过职业生涯发展规划，大学生能够紧紧抓住工作的重点，从而增加成功的可能性。

11．职业生涯规划能够加强大学生努力工作的决心

任何人做任何事都必须经过艰苦的努力方能获得成功。职业生涯规划给了大学生一个明确的目标，也就等于给了大学生不断督促自己努力向着目标前进的鞭策力。随着规划内容的逐步实现，一个个小目标的实现使大学生累积了成就感，增强了大学生对实现大目标的信心。同时，随着所制订规划的实现，思想方式和工作方式乃至于生活方式又会不断地完善和提升，大学生就会产生加倍努力工作的决心。

12．职业生涯规划能够帮助大学生更好地把握环境、应对困境

职业生涯规划所进行的各项工作不仅可以使大学生了解自身的长处和短处，养成对环境和工作目标进行分析的习惯，而且可以使大学生合理安排时间和精力开展学习和培训，以完成工作任务，提高职业技能，从而增强大学生对职业的把握能力和对困难的控制、应对能力。同时，良好的职业生涯规划可以帮助大学生综合地考虑生活同追求、家庭目标等其他生活目标的平衡，避免顾此失彼；也可以使大学生从更高的角度来看待职业生活中所面临的各种问题和选择，帮助大学生将不同的事件联系起来，共同服务于职业目标。

13．职业生涯规划能够激发大学生自我实现的需要，培养积极上进的人生观

在我国，自我实现有时可以被理解为“事业有成”“功成名就”，而事业有成必须以正确的职业选择与发展为前提。因此，大学生应该以科学的方法来正确、全面地认识自我，了解社会对人才的需要，找出自己在知识、能力等方面与社会需要的差距，确定自己的发展方向与目标。为了成就自我实现人生目标，大学生有必要对大学生涯进行科学合理的规划，并通过规划采取实际行动。所以说，职业生涯规划能够激发大学生自我实现的需要，培养积极向上的人生观。

（二）大学生进行职业生涯规划对组织的意义

对组织而言，职业生涯规划同样也具有深远的意义。

1．职业生涯规划能够促进企业的持续发展

在职业生涯规划中年龄、性别、学历的差别将导致不同的发展方向和途径，做职业生涯规划必须要考虑大学生的特点和需要，根据大学生自身特点设计职业生涯发展的不同途径，有利于不同类型的大学生在职业生涯中扬长避短，从而为大学生在组织中提供了更为平等的发展机会。

2．职业生涯规划能够帮助组织深入了解内部成员

组织对员工进行职业生涯规划，其主要任务就是帮助组织和员工了解职业方面的需要和变化，帮助员工克服在职业发展过程中遇到的困难，提高员工的职业技能，实现组织和员工的发展目标。通过职业生涯规划，组织能够了解组织内部员工的现状、需求、能力及目标，调和他们同存在于组织现实和未来的机会和挑战之间的矛盾。

3．职业生涯规划能够帮组织合理有效地利用人力资源

大学生的职业生涯规划能否成功实现，离不开组织的支持和帮助。职业生涯规划一般都是针对组织和员工的特点“量身定做”的，有针对性的职业生涯规划的深入开展有利于组织人力资源水平的提高，可以增加企业内部的人力资源储量，促进企业持续稳定发展。

社会的快速发展，为大学生施展才华提供了更为广阔的舞台，大学生追求事业成功的愿望更为迫切。然而对于当代大学生而言，就业难已成为不争的事实。但是在严峻的就业形势中，仍然有相当一部分人找到了适合自己的舞台，究其主要原因，是他们对自己的职业生涯发展做出了科学合理的规划，能客观、全面地看待自己，对自己和周边环境有一个深刻的认识，能够科学地确定自己职业发展的目标和方向，不断开发自己的潜能，为实现目标努力。知识经济的发展，使得企业更欢迎有准备的人才。因此，大学生迫切需要一个有效的职业生涯发展规划。

（三）大学生进行职业生涯规划对社会的意义

我国每年投入大量人力、物力和财力到高校教育事业，旨在培养社会栋梁，通过发挥他们的智慧与才干，最大限度地为社会创造财富，推动社会发展。因为国家的发展与进步需要有良好的经济基础做支撑，发展经济需要有高素质的人才作保障。大学生毕业后若从事一些不能发挥大学生潜能的职业，无法最大限度地为社会做贡献，就会导致国家资源的浪费。职业生涯规划能让大学生在不同发展阶段对自己的过去、现在和未来有一个重新审视和评估的机会，帮助大学生在认识自己的兴趣与优劣势的基础上，选择适合自己、能发挥自己才能的行业，并根据可能发生的变局，不断调整自己、激发潜能、突破障碍，最大限度地实现自己与用人单位的双赢，使国家社会资源得到有效利用，从整体上有利于社会的全面进步。

（四）大学生进行职业生涯规划对学校的意义

培养合格的劳动者是我国高等院校的根本任务，培养高质量的专门人才是高等院校的生命线。大学生职业生涯规划有助于高等院校树立自己的人才品牌，提高自身的办学核心竞争力。

1. 大学生进行职业生涯规划有利于提高高等院校的管理水平

大学生职业生涯规划的目标就是实现人职和谐，这就要求学校人才培养更应全面科学，更应注意个性化培养，人才培养目标由“优秀”向“合适”转变。这种科学的管理理念的建立，需要更多的部门和人员直接参与学生的培养，为学生提供更为全面的指导与服务，促进学校全面育人、全员育人、科学育人体系的完善，促使学校就业服务、就业指导、就业管理工作的全面提高。

2. 大学生进行职业生涯规划有利于提高高等院校的办学质量

职业生涯规划增强了大学生的自主性，提升了大学生实践的主动性，使学生在社会实践中能够更好地了解外部环境和自身条件，拓展与企业的交流与联系，为学生的实习创造条件，成为学校教学中一个必不可少的环节。在对大学生进行职业生涯规划指导的过程中，高校结合劳动力市场的变化，对专业和课程设置做出及时的调整，对课程内容进行相应的更新，能促进学校自身教学的针对性和时效性。

3. 大学生进行职业生涯规划有利于提高思想政治教育有效性

职业生涯规划工作的系统推进能很好地承担起思想政治教育的功能。高等教育是一项系统的培养工程，它以推动大学生全面发展的素质为核心内容。通过职业生涯规划的实施进程，可以加强大学生对于外部世界及自身的认识，可以帮助大学生树立正确的世界观、人生观和价值观，使他们既有远大的理想，又有科学的近期目标和长远目标。

二、职业生涯规划的影响因素

职业生涯规划既是个人发展的基础，又是个人发展历程的体现。每个人都有不同的发展阶段与历程，因此规划职业的重点也就有所不同。影响职业生涯规划的因素是多方面的，通常来说，大学生在做职业生涯规划时应考虑以下几个方面的因素。

（一）自身因素

1．身体因素

一个人职业生涯的发展与自己的身体状况密切相关，健康的身体是任何人职业生涯规划开始的首要条件。几乎所有的职业都需要有健康的身体。但紧张忙碌的职业会导致压力增加。所以，采取一些技巧，保持适度的压力激励自己，但又不伤害身体是十分重要的。爱惜身体，实际上就是保护自己职业生涯发展的未来，没有好的身体，未来就可能是负数。

2．性格因素

性格对一个人职业生涯发展的影响是非常直接的，有什么样的性格就会有什么样的未来。职业心理学的研究表明，不同的职业有不同的性格要求。虽然每个人的性格都不能百分之百地适合某项职业，但却可以根据自己的职业倾向来培养、发展相应的职业性格。许多工作对性格品质有着特定的要求，要选择某一职业就必须具备这一职业所要求的性格特征。如教师除了具备较丰富的知识外，还应具备热爱学生、正直、有责任感等良好品质；企业家，除了具备这一职业所要求的气质、能力外，还应具有果断、勇于开拓创新的特征；医生要求具有救死扶伤的人道主义精神和一丝不苟的工作态度。

3．价值观因素

价值观是一种内心尺度。它凌驾于整个人性当中，支配着人的行为、观念、态度、信念、理解等，支配着人认识世界、明白事物对自己的意义和自我了解、自我定向、自我设计等；也为人自认为正当的行为提供充足的理由。社会价值观念正是通过影响个人价值观念而影响个人的职业发展。一个人的职业生涯发展是在一定的群体条件下完成的，个人价值观是否与群体价值观相统一、相融合是影响一个人职业生涯发展是否顺利的重要因素。通常情况下，职业价值观包括以下几个方面。

（1）社会地位：所从事的工作在人们的心目中有较高的社会地位，从而使自己得到他人的重视与尊敬。

（2）经济报酬：获得优厚的报酬，使自己有足够的财力去获得自己想要的东西，使生活过得较为富足。

（3）成就动机：不断创新、不断取得成就、不断得到领导和同事的赞扬或不断实现自己想要做的事的计划。

（4）智力刺激：不断进行智力开发，动脑思考、学习和探索新事物，解决新问题。

（5）审美主义：能不断地追求美的事物，得到美感的享受。

（6）自主独立：能充分发挥自己的独立性和主动性，按自己的方式、想法去做，不受他人干扰。

（7）安全稳定：希望不管自己能力怎样，在工作中要有一个安稳的局面，不会因为奖金、加薪、调动工作或领导训斥等而经常提心吊胆、心烦意乱。

（8）权力控制：获得对他人或某事的管理权，能指挥和调遣一定范围内的人或事物。

（9）社会交往：能和各种人交往，建立比较广泛的社会联系和关系，甚至能和知名人物结识。

（10）追求新意：希望工作的内容经常变换，使工作和生活显得丰富多彩，不单调枯燥。

（11）轻松舒适：希望将工作作为一种消遣、休息或享受的形式，追求比较舒适、轻松、自由、优越的工作条件和环境。

（12）利他主义：总是为他人着想，把直接为大众的幸福和利益尽一份力作为自己的追求。

（13）人际关系：希望一起工作的大多数同事和领导人品好，在一起相处感到愉快、自然。

4．心理因素

个体对职业的心理感觉非常重要，很多职业生涯发展中的问题都是心理因素造成的。有的人常有这样的感觉，新到一个单位，各个方面都不错，就是心里感觉不舒服，到底是哪里不舒服又说不上来，但总是高兴不起来，使自己进入不了状态，难以产生自己预期的效果，长此以往就会感到自己的努力没有价值，产生懈怠，职业生涯也将从此开始走下坡路。

5．教育因素

教育会对一个人的职业生涯产生巨大的影响。一般来说，一个人受教育程度越高，其思维和行为模式越呈现多元化，知识结构和劳动生产能力越强，其职业生涯规划得也就越好，职业生涯发展得越不错。即便是同一所高校的学生，由于所学专业不同，接受教育的能力不同，其职业生涯规划也不相同。

6. 能力因素

能力是职业生涯发展的根本因素，它的大小决定着一个人的职业生涯发展状态，正确评价自己的能力，就可以预知自己的职业生涯发展潜力到底有多大。人的能力是其进行职业生涯规划最重要的影响因素，必须注意以下几点。

（1）要懂得扬长避短。特殊职业有特殊的能力要求，这是我们扬长避短的最佳途径。如不善言谈的人可以考虑做保密工作，怕寂寞的人可以考虑做推销工作等。

（2）必须考虑到各种能力的组合。一种职业往往不只需要一种能力，而是需要以一种或几种能力为主的能力组合，才能适应职业的需要。这就要求我们在进行职业生涯规划时，不仅要考虑自己的特长，还要围绕这种特长考虑多种能力的组合，以及这种能力组合与职业需要之间的吻合，这样才能收到良好的效果。

（3）要充分考虑到可能获得与可以提高的能力。这里所说的能力可分为两部分，一部分是现在已经具有的，另一部分是有可能通过以后的学习得到的。因此我们在进行职业生涯规划时，不仅要依据现有的能力条件，还可以将预计有可能获得与提高的能力也考虑在内，以便找到更适合的职业。

（二）环境因素

1. 家庭环境

家庭是一个人的第一所学校，每个人从出生伊始就受到家庭环境的影响。由于家庭的特殊作用和影响力，对一个人的职业生涯规划产生了很大的影响，形成一定的价值观和行为模式。具体来说，家庭影响主要有如下几种。

（1）家庭期望。家庭对大学生的期望大小不同、高低不同。期望值较低的，容易使大学生选择那些与自己爱好、能力等相匹配的职业方向。期望值高的，大学生选择的职业方向相对而言会是社会上的热门，社会地位和收入等都较高。

（2）家庭需要。任何家庭都有正常的需要，这些需要对大学生选择职业方向也会有影响，但一些家庭还有特殊的需要，这些特殊的需要对大学生的影响更大。例如，家庭成员中有患疑难病或慢性病的，则大学生选择医药职业方向的概率就会比较高。

（3）家庭的支持力度。家庭对大学生选择较好职业的支持态度是毋庸置疑的，但支持的力度有很大差别。这主要是由于家庭成员的社会地位、经济条件、社会关系等不同造成的。如果没有家庭的支持，或家庭支持的力度太小，大学生在选择职业方向时，就会使自己的兴趣、爱好等大打折扣，而转向较容易进入的职业和较顺利获得的职位；反之，则会寻求更高更好的职业方向，职业生涯规划也将能更好地实现。

2. 社会环境

每个人都生活在特定的社会中，都要受到社会环境的影响。社会经济发展、政治秩序、就业政策和体制这些社会大环境都会影响职业岗位的数量和结构，人们的职业观念和职业理想对一个人的职业生涯规划和职业发展都会产生重大的影响。任何脱离社会实际环境而设计出来的职业生涯路线都是一种“臆想”。如通过考录成为公务员中的一员是一些大学生的职业梦想，但如果所有大学生都把自己的职业生涯规划成公务员，就成了脱离现实的梦想。社会环境对人的职业生涯规划的影响，具体来说是通过以下几个方面来实现的。

（1）社会政策。了解社会政策的变化对自己的职业生涯规划是否有影响。作为一名大学生，对社会政策不仅要了解，能做出快速反应，而且要有一定的预见力，及时调整自身以适应社会政策的变化。

（2）社会文化环境。选择职业也要考虑社会文化环境，社会文化环境包括教育条件和水平、社会文化设施等。社会文化环境在很大程度上影响着人们的思想和行为，在好的社会文化环境影响下，个人能受到良好的教育和熏陶，人们的思想和行为往往会向好的方向发展，最终走向成功。同时，个人的知识水平和职业技能也会有很大的增长和提高，这就增加了个人在激烈竞争中获取成功、用知识改变命运的概率。所以，选择好的社会文化环境将为今后的职业发展打下良好的基础。

（3）社会变迁。社会变迁会对人的职业生涯发展产生较大的影响，比如知识经济和信息化社会的发展。目前的信息行业、电信行业都是如日中天的行业，这些行业的发展正是由于社会信息化和知识经济迅速发展的结果。随着信息化的不断加快，必然会对各行各业产生更大影响。

（4）科技发展。科技的发展有时候直接决定着一个行业的兴衰，同时科技的发展带来理论的更新、观念的转变、思维的变革、技能的补充等，这些都是职业生涯规划中不可或缺的要素。认清科技的发展对不同行业可能产生的变化，对职业选择有很大的帮助。

3．经济环境

经济环境对人的职业生涯发展有一定的影响，当经济振兴时，百业待举，新的行业不断出现，新的组织不断产生，机构增加，编制扩容，所有这些都为就业及晋升创造了条件。反之，会带来不利条件。

当前，世界经济逐渐走向全球化，这对人的素质提出了更高的要求。它要求经营人才不但精通专业技术与经营知识，还要精通外语、熟悉国际贸易法以及异国他乡的风俗习惯等。

经济模式的变化对人的影响更大。比如，知识经济社会的到来，无疑给人的生活方式带来了巨大的变化，对人的就业、发展、素质提出了更高的要求。

4．政治环境

政治环境主要是指政策、法律法规等政治因素。大学生在进行职业生涯规划时，一定要了解政策、法律法规，从而做出正确的职业选择。

5．组织环境

组织环境对大学生职业生涯规划的影响主要是通过以下几个方面实现。

（1）组织的发展态势。组织发展的态势，尤其是行业的发展态势，对大学生选择职业方向有巨大的影响。组织或行业正处于朝阳时期，人们对其前景普遍看好，这种职业方向无疑是吸引人的。反之，人们便会对这一行业失去信心，从而转向其他行业。

（2）组织的发展战略。组织的发展战略往往意味着个人的发展机会，如果二者的吻合度高，个人得到发展进步的概率就高，反之则个人的潜力很难得以发挥，抱负很难实现。如果只是一个组织的战略如此，求职者还可以转向其他组织，但如果这一职业方向的组织战略大多如此，求职者就只好转向其他职业方向了。

（3）组织在选人用人方面的要求。组织选人、用人的要求，特别是多家有代表性组织，在选人、用人方面有相同或相近的要求，对大学生进行职业生涯规划的影响是巨大的。首先，他们会根据自己的能力和条件与这些组织要求的吻合度，加上自身的努力程度来选择职业方向；其次，他们可能因此而改变自己的选择方向，从而影响自己的职业发展。

（4）组织成员的收入福利状况。收入福利状况好，人们就向往，反之人们就会犹豫。当然也有人会考虑其他方面的因素而放弃对眼前利益的追求，毅然选择收入福利一般的组织，这只是事物复杂性的体现。

（三）职业因素

1. 职业岗位的数量

职业岗位的数量直接影响着大学生的职业选择。一般来讲，就业岗位与经济形势、发展成正比。因为一个国家或地区为求职者提供的职业岗位数量，从根本上取决于国家经济形势和区域经济发展的速度和水平，取决于技术设备的现代化水平。

随着经济的发展，我国在解决就业方面取得了令人瞩目的成绩，城镇安置就业人数一直在增加，但劳动力供给在总体上供大于求，再加上结构性原因、技术性原因和体制性原因，导致巨大的就业压力得不到缓解。严峻的就业形势对大学生就业提出了挑战，但同时我国经济形势的发展也给大学生就业带来了机遇。

（1）全球经济一体化会带来职业岗位数量的增加。全球经济一体化，对外贸易活动频繁，境外业务往来增多，劳务输出、境外就业的岗位数量将会大大增加。

（2）由科技进步引起的产业结构调整将提供更多的职业岗位。随着科学技术的迅速发展、知识经济的到来，我国的社会服务行业相继出现一系列新兴职业。这些都将为大学生提供更多的职业岗位。

（3）西部大开发战略将吸引更多的人才。我国西部地域宽广、资源丰富、人口密度较小、技术力量缺乏，西部大开发战略的实施，为有志于在西部大展宏图的青年提供了一个广阔的事业天地。

2. 职业声望和职业地位

职业声望是人们的一种主观感受，是指某种职业在人们心目中的声誉和地位。职业地位则是指职业在社会、在职业体系中的位置。二者密切相关，一般认为，职业地位高，职业声望相应也高，但也有特殊情况存在。因此，大学生在选择职业时，要对所选单位的社会地位和社会声望做具体分析。未来社会对职业的知识含量和技术含量的要求将不断增加，对职业劳动者的素质要求也越来越高，原有的人才结构类型已很难继续适应经济的进一步发展，社会分工的不断细化迫切需要数以万计的专门人才，这也增加了大学毕业生的就业机会。不过，现代职业的发展变化无疑会对大学毕业生择业产生巨大影响，是否具备获取知识、运用知识和创新知识的能力，是现代社会中每个人在激烈的国内、国际竞争环境中成败的关键。这就要求毕业生转变就业观念，以发展的眼光看待问题，正确看待初次就业，寻找那些有潜力、有发展机会的职业，在工作中丰富自己的知识，提高工作能力。

第三节　职业生涯规划的原则

良好的职业生涯规划应既有利于个人在职业生涯活动中有出色的表现，又有利于个人的整体发展、家庭生活质量的提高和社会的和谐进步。因此，要做一份良好的职业生涯规划，就必须要充分考虑个人的特点，总结和分析影响职业生涯发展的因素，确定个人的人生发展目标，选择实现这一目标的职业并作出具体的安排。一般来说，在制订职业生涯规划时，必须遵守下列几项基本原则。

一、客观性原则

职业生涯规划是由个人设计完成的，难免会带有主观色彩，但是，这份规划毕竟规划的是自己的未来，是给自己用的，因此在制订职业生涯规划时，应该力求客观。一份好的职业生涯规划，应该综合考虑现实环境和个人条件的制约，既不会夸大也不会缩小客观存在的事实。任何脱离实际或难以实现的职业生涯规划都是没有意义的。客观性原则，就是要求个人在自我评估时，对自己的智商、情商、专业特长、个性特点以及优缺点等实事求是地进行评价，不要隐瞒事实，使评估结果尽可能接近真实的自我。同时，要抛开个人的喜恶，客观地评估所处的职业环境因素，正视职业现实矛盾和理想矛盾所孕育的发展机会，使评价结果建立在事实的基础上。只有这样，职业生涯规划才能符合实际，才切实可行。

二、可行性原则

职业生涯发展规划涉及很多具体的任务和实施步骤，因而要求规划者不仅要具备规划的意识，更应在规划中体现操作的程序环节。一份好的职业生涯规划，其操作性最终会落实为时间、地点、资源、对象和程序的具体化内容，以此保证规划可以通过实施者的行为活动而得以完成。规划要依据个人的特点、社会的发展需要来制订，若是具体规划，还要明确其中的人、事、物相关资源的取得、调整和利用等操作手法。总之，职业生涯规划要清晰、明确，各阶段的线路划分与安排也一定要具体可行。

三、针对性原则

在现实生活中，每个人的成长方式和发展历程是不同的，每个人的生活习惯和性格爱好也是不同的，因此，尽管很多人的专业和从事的职业工作相同，但他们并不能通用一份职业生涯规划。在通常情况下，对使用者来说，个别化了的职业生涯规划才是好的职业生涯规划。这是因为一份好的、充满个性和有针对性的职业生涯规划，其出发点是指向使用者本人的，是能够体现其个性、个人特质和其个别化的资源配置和利用的。因此，在制订职业生涯规划时，也一定要遵循针对性原则。

四、实用性原则

一份职业生涯发展规划不管表面多么诱人，都得经过实践的考验。因此，在进行职业生涯规划时必须讲求简便易行的实用性原则。在实用性原则里，应考虑目标是否符合自己的性格、兴趣和特长，是否对自己有挑战性，能否在规定的时间内完成，实现目标的途径是否能在自己的特质、社会环境、组织环境等范围内执行，可行性有多大；职业生涯规划是否具体，在执行职业生涯发展规划的过程中，自己能否随时掌握执行的情况，能否进行有效的评估等。另外，职业生涯规划的目标一定要明确具体，目标的明确和具体要求制订的目标应该有一些可以量化或评估的指标，如时间限制、职位的提升和发展、薪水的提升、培训的计划等。

五、阶段性原则

人生所处的阶段不同，生活的主要内容以及奋斗目标也会有所不同。阶段性原则指的是在进行职业生涯设计时，要充分考虑自身所处的不同发展阶段，有目的、有步骤、有计划地调整和安排各个不同阶段的职业生涯计划。

六、持续性原则

人生的各个发展阶段应该持续连贯地衔接下来，做规划也应考虑到职业生涯发展的整个历程，作全程的考虑。各具体规划与人生总规划要一致，不能摇摆不定，浪费各发展阶段的人力资本积累。

七、前瞻性原则

职业生涯规划不是对当前生活的计划，而是对人一生的职业生活进行的安排，是面向未来的生活设计。一份好的职业生涯规划应该有长远的眼光，能够考虑到 5 年、10 年，甚至更久以后个人、家庭及社会可能发生的变化。另外，生老病死等生命的周期性规律，婚恋、生育、离异、丧偶等家庭的发展阶段，社会的老龄化及家庭规模的缩小等变化，也会对个人的职业生涯规划产生一定的影响。因此，在制订职业生涯规划时，应遵循前瞻性原则，不要被眼前的某些现象迷惑。同时无论对自己还是对社会，都要把眼光放远一些，少一些眼前利益，多一些长远希望，立足于挖掘自己的潜能，对社会的发展变化趋势保持一种从容应对的态度。在这样的心态和视野下，制订出的职业生涯发展方向、目标、策略和办法，才会在可行性的同时具有一定的挑战性。为了能使职业生涯规划具有一定的前瞻性，个人可以借助现代预测工具，对自身和社会的一些发展趋势进行科学预测。如在有多种职业发展路线的情况下，对于是选择社会上热门的职业还是选择新兴的冷门职业作为个人的目标，可以借助电视、报纸、网络等途径，听听专家的看法。

熟悉和掌握这些原则，在进行个人职业生涯规划时就需要切实保证其效力。

第四节　职业生涯规划的常见误区

一、认为知识就是能力

能力是借助知识解决实际问题的一种智慧，通常表现为你会做什么、能做好什么。知识是一个社会分工的特定领域的系统集成的理论知识及方法，表现为你知道什么、理解什么。大学生通过学习掌握了一定的专业知识，也掌握了一些解决实际操作的方法，但并不能因此就说大学生具备了解决实际问题的能力。如果你所学专业并不是你要从事的行业，那无论你的专业知识学得多么好，它都不是你的能力，都不能缩小你与岗位要求的差距，更不要指望用你的专业知识来打造你职业理想的核心竞争力。所以，大学生在进行职业规划时，要先看看所学的专业是不是自己喜欢的，是不是对应自己的职业目标，而不要泛泛地把自己所学的专业当作求职的筹码。

二、认为理想就是目标

理想是我们追求的结果的最终表现，职业理想更多地表现为某个具体的职位。目标是我们在实现职业理想过程中的阶段划分。只有把宏大的职业理想转化为一个个可以实现的具体目标，我们的职业理想才会最终得以实现，否则，宏大的职业理想只能是职业空想。因此，大学生在判定职业前程时，一定要从实际出发，不能把理想当目标，职业规划要切实可行。

三、认为兴趣就是职业

兴趣爱好是我们享受生活的方式，而职业则是我们赖以生存的方式。一个人对某种事物感兴趣，就会产生接近这种事物的倾向，并积极参与有关活动，表现出极大的热情，使人的探究和认识活动染上强烈的、肯定的情绪色彩，从而使这种活动为人所接受和喜爱。选择职业是一种社会活动，必然受到一定的社会因素制约，任何人选择职业的自由都是相对的、有条件的，如果择业脱离了社会需要，就很难为社会所接纳。在现实生活中，有些大学生喜欢将兴趣当作自己的职业目标。其实兴趣、爱好并不等于职业。在进行职业规划时，我们的确应该将兴趣爱好作为选择职业的重要因素，但不是唯一因素。一个好的职业规划要综合考虑专业特长、社会需要、兴趣和能力等多方面因素。大学生都有自己的专业，每个专业都有一定的培养方向和目标，这应该成为大学生职业规划的依据。一旦把兴趣爱好与工作职业合一，人生的三角平衡就会被打破，就要忍受工作中的更多寂寞和孤独。

四、认为个人的品德培养不重要

在当今教育和资讯都比较发达的时代，企业的用人标准也发生了很大的变化，应聘者的人品成为企业选择员工的一个非常重要的条件。可是，许多大学生在规划自己的未来时，只注意了知识和能力，却忽视了对个人道德修养和心理素质的培养，结果导致自己与机会失之交臂。因此，大学生在进行职业规划时，一定要注意培养良好的道德修养和健康的心理素质，因为这些对自己的发展具有重要作用。

五、认为取得成功就是幸运

许多人坚信成功者是由于有好的机会，因此，他们被动地等待命运的安排，而不去主动地计划经营，努力把握自己的生活。这种把成功当幸运的行为导致的结果大多是一旦不成功便早早放弃，被拒绝和挫折打垮了信心。其实，能带来成功的往往是努力，而不单单是运气。如果大学生能够提前意识到一些可能遇到的问题，将有助于他们更好地处理问题。

六、认为自己的命运掌握在别人手中

在职业规划过程中，有的学生在关系到自己未来发展的问题上不能自己做主，总希望有人能替他做出最后的选择。然而，每个人的家庭经济条件、父母的文化背景和社会地位、能力、个性类型、职业生涯目标、价值观、父母的期望、对成功的评估标准等都不尽相同，所以，不同的人对自己的职业规划也必然不相同。个人职业规划必须由自己主导，无论是老师、父母或朋友都无法替代，只能由自己根据实际情况来客观地进行规划，自己的命运掌握在自己手中。

七、认为证书越多越有利

许多学生都以为证书越多，竞争实力就越强，所以，他们投入了很多时间参加各种社团活动，甚至旷课打工，结果影响了学业，导致不能顺利毕业。之所以出现这些问题，就是因为这些学生不能将目标系统化，不能根据自身的生涯目标合理设计实现路径，结果造成主次不分、本末倒置。

八、认为职业规划毫无用处

有的大学生认为，自己尚处于学习阶段，未来有太多的不确定因素，所以现在为自己制订职业规划为时过早，根本没用。这种想法造成的后果是学习无目的性，荒废了宝贵的学习时光。其实，对于生命中一些个人无法掌握的因素，应以一颗平常心冷静地应对。大学生应该明白，拥有一个明确的职业目标方向是非常必要的。进行职业规划，就是要对我们所能做到的事全力以赴。

九、认为行业就是岗位

一些大学生将行业作为求职目标，在求职时 “广撒网，捞大鱼”，以为这样机遇会更多，实则别人都不知道他能做什么，进而使自己失去了核心竞争力。行业和岗位是不同的，行业是最大的国民经济因素，而岗位是大学生要效力的具体职位，大学生就业是要面向具体岗位的。因此，大学生需要围绕企业目标或者岗位目标进行职业规划，了解具体岗位的工作内容，不断提升自己，以胜任工作，实现持续发展。

十、认为职业规划等于创业计划

创业计划不同于也不能替代职业规划，创业是职业生涯的一部分。职业规划更关注个体是否适合创业，是否选择了一条适合自己的创业道路，是否了解并准备迎接创业的艰辛与挑战以及创业者的心路历程等。

十一、认为职业规划不需要进行调整与修改

职业规划是一个不断发展的过程，保持灵活性、适时地评估与调整是必要的。整个社会大环境在发生变化，职业本身在发生变化，应对这些变化的唯一方法就是做好规划和准备。有效的职业规划必须处理好灵活性与稳定性之间的关系。当然，调整也应适度适时，绝不能朝令夕改。如果规划不断地修订与变化，将很难发挥其引领作用。

第二章　大学生职业生涯规划的自我探索

第一节　大学生自我探索

自我世界就像一座藏书丰富的图书馆，不经常翻阅其中的珍藏，就会被蛛丝灰尘覆盖；心灵犹如一座富饶的矿山，不去开采挖掘，就会布满荆棘。如果我们对自己没有一个客观的认识，又如何去选择一条适合自己发展的人生道路呢？古希腊哲学有句名言："人啊，认识你自己。"这句话铿锵有力地道出了，在人生的旅途中，面临重大抉择时，只有那些善于认识自我的人，才能准确把握自己的发展方向。

一、自我概念的内涵解析

（一）自我概念的界定

在心理学中，自我概念又称为自我或自我意识，是指个体对其存在状态的认知，包括对自己的身心状况，以及自己与别人和周围世界关系的认识。因此，简单而言，自我或自我概念即自己对自己的看法，或自己反观自己的一些方式。比如，一个人要想不因为他人的评价而过分难过或扬扬得意，心中就得有客观而坚定的自我标准。这个标准，指的就是自我概念。

（二）自我概念的价值与功能

人本主义心理学代表人物卡尔·罗杰斯认为，自我概念是人格形成、发展和改变的基础，是人格能否正常发展的重要标志。自我概念比真实自我（即客观存在的自我）对个体的行为及人格有着更为重要的作用。了解自我概念的价值及功能，有助于个体发展出健康而适切的自我概念。

1．能保持自我看法一致性——自我引导作用

个人需要按照保持自我看法一致性的方式行动。自我概念在引导一致行为方面发挥着重要的作用。自我概念积极的学生，学习投入度及成绩明

显优于自我概念消极的学生。对有关品德不良学生的研究也表明：学生有关自己名声与品德状况的自我概念直接与其行为的自律特征相关。当学生认为自己名声不佳，被别人认为品德不良时，他们就会放松对行为的自我约束，甚至破罐子破摔。很显然，通过保持内在一致性的机制，自我概念实际上起着引导个人行为的作用。在这个意义上，在青少年的发展过程中，引导他们形成积极的自我概念，对于“学会做人”有着非常重要的意义。

2．决定着对经验的解释——自我解释作用

一定的经验对于个人具有怎样的意义，是由个人的自我概念决定的。每一种经验对于特定的个人，其意义也是特定的。不同的人可能会获得完全相同的经验，但他们对于这种经验的解释却可能很不同。例如，某次考试，学生 A 和学生 B 都考了 95 分。学生 A 认为自己能力一般，对这门功课学习有些困难，对于这次考 95 分感到欣喜，从而鼓舞他继续努力，争取更好的成绩。而学生 B 平时对这门功课很感兴趣，学习也很有信心，一般都能取得好成绩，这次考试却只考了 95 分，学生 B 认为 95 分是失败和挫折，感到懊恼、沮丧，学生 B 决心一定要更努力，决不再考这样的成绩。这个例子说明，个人的自我满足水平并不简单地决定于他获得多大的成功，还决定于他的抱负水平，以及个人如何解释成功对于个人的意义。

3．决定着人们的期望——预言自我实现的作用

心理学家戴维·伯恩斯早在 1982 年就指出，儿童对于自己的期望是在自我概念的基础上发展起来的，并与自我概念相一致，其后继的行为也决定于自我概念的性质。

自我概念积极的人，其自我期望值一般较高，当他取得好成绩时就认为这是意料之中的事，好成绩正是他所期望的。自我概念消极的学生，当他取得差成绩时，认为这是意料之中的事，假如偶尔考了好成绩，却觉得喜出望外。反过来，差的成绩又加强了他消极的自我概念，形成恶性循环。消极的自我概念不仅引发了自我期待的消极，而且决定了他对自我期待外部社会消极的评价与对待，决定了他对消极的行为后果有接受的准备，决定了他不愿更加努力学习，也决定了学习对于他们不再有应有的吸引力，丧失了信心与兴趣。

自我概念能引发与其性质相一致或自我支持性的期望，并且自我概念使人们倾向于运用可以导致这种期望得以实现的方式行为，因而自我概念具有预言自我实现的作用。

（三）自我概念在职业生涯发展中的意义

自我概念是舒伯职业生涯发展理论的核心概念。舒伯认为，职业生涯发展中的自我概念，是个人对自己在兴趣、能力、价值观及人格特征等方面的认识与评价。职业的选择和生活角色的选择，既是自我概念的体现，也是自我概念的形成。职业越符合自我概念，个人的工作满意度就越高。自我概念不是静态的，而是持续发展的，并影响着职业生涯的决定。

舒伯主张自我概念是个人自己建构出来的，个人可以“主动地”建构与理解自己的经验，形成自身内在的现实（能力、兴趣、需求、价值及人格特质等），并据之预测自己在外在现实中的出路（工作方式、生活方式及职业发展路径的选择）。

二、自我探索的内容和方式

自我概念就是“自己对自己的看法”，形成自我概念的过程就是自我探索的过程。老子说：“知人者智，自知者明。”意思是说能透彻了解别人的人确实聪慧，而能够正确认识自己的人则最为明智。古希腊哲学家泰勒斯则告诉我们：“人活在这个世界上，最困难的事情是认识自己。”看来，要想达到自知的境界，做一个高明的人，实属不易。这需要我们不断地自我探索，然后逐渐认识自我。

（一）自我探索的内容

每一个“我”都是由外在自我、心理自我和社会自我三方面构成的。

1. 外在自我

外在自我，指的是人们可以直接观测到的自我因素。它是自我中最为外显的部分。有些是身体特质，有些是身体外特质。身体特质由物理实体构成，反映身体特征，包括性别、身高、体重、外貌、视力等。身体外特质也称为“延伸自我”，即日常生活中所说的“我的……”，如姓名、照片、身份证号、财产、身份、头衔等，对于此部分的“自我”，我们会非常关注，愿意为获取或提高它而努力。

求职中，外在自我属于个人基本信息，特定的岗位对此往往有着具体且明确的要求。外在自我一般是求职时首先要关注的方面，甚至有的是作为门槛来要求。比如，某航空公司招录空姐对外在自我就有以下要求：

（1）年龄：①18～25 周岁（未婚）；②18～32 周岁（已婚已育）。

（2）身高（cm）：162～175。

（3）体重（kg）：[身高（cm）-110]×90%～[身高（cm）-110]。

（4）视力：矫正视力 C 字表 0.5 以上（可佩戴隐形眼镜）。

（5）五官端正、身体匀称、肤色健康，身体裸露部位无明显疤痕。

（6）无色盲、色弱。

（7）无口吃，无晕车、晕船史。

（8）无慢性病史，无精神病家族史、遗传病史、癫痫病史。

（9）无明显的“O”型腿和“X”型腿。

2. 心理自我

心理自我，指的是自身内在心理因素。它是自我中最为内隐的部分，往往无法直接观测得知。心理自我具体包括三个部分。

（1）心理自我的动力系统，即个体的动力倾向，涉及兴趣、价值观等心理特质。例如，我为什么喜欢从事这份工作？为什么有人喜欢当特警，有人喜欢做老板？探索心理自我的动力系统，可以帮助我们找到让自己兴奋、有干劲的职业领域。

（2）心理自我的效能系统，即个人的能力倾向，涉及潜能、技能、自我效能等因素。例如，他为什么能说一口流利的英语，而我的英语只是哑巴英语？为什么有人对操作机械游刃有余，而对公众演讲竟然手足无措？探索心理自我的效能系统，可以帮助个人弄清自己擅长的职业领域。

（3）心理自我的风格系统，即个人的性格倾向，涉及性格、气质等心理特征。例如，我适合做这份工作吗？为什么有的人工作起来雷厉风行，有的人则保守稳重？为什么有的人能注意到问题的细节，有的人总能准确把握宏观？探索心理自我的风格系统，可以帮助我们找到适合自己、让自己更得心应手的职业领域。

下面是某公司招聘售前 / 售后技术支持工程师的要求：

（1）通信工程技术、计算机技术、电子技术、机电一体化等相关专业。

（2）热爱本职工作。

（3）性格开朗，热情。

（4）需具备良好的执行力和适应性。

（5）良好的团队协作能力和合作能力。

（6）责任心强，诚实守信。

（7）具有热忱的工作态度。

从上述七点，可以发现，在企业对应聘者心理自我各个方面的要求中，第 1 点是专业知识技能方面的，第 2 点是兴趣方面的，第 3 点是性格方面的，第 4～7 点是自我管理技能方面的。可见，在求职中，外在自我只是应聘的第一道门槛，而且除了一些特殊职业（如航天、航空、军警等）外，多数职业对外在自我没有做硬性的要求，但所有职业都非常重视对应聘者心理自我的要求。

3．社会自我

个体在与他人的交往过程中，参加各种社会团体，并在其中扮演各种社会角色，逐渐产生了社会自我。社会自我是自我概念的重要组成部分，它是个体对自己在社会生活中所担任的各种社会角色的知觉，包括对各种角色关系、角色地位、角色技能和角色体验的认知和评价。

每个人都是社会人。每个人都在社会生活中逐渐发展出复杂的社会自我，涉及家庭关系、朋友关系、职业群体、党群关系等，它隐藏于个人身上，对个人职业选择与发展起着支持或制约的作用。对大学生而言，家庭中有亲子关系，学校里有同学和老师关系；他们的身份是学生，可能还是共青团员或共产党员……这些一起构成了社会自我。

大学生就业的理想途径是社会资源和关系，现实中有近一半的学生认为，托熟人是最有效的求职途径。这是因为，用人单位招聘的多元途径是有先后顺序的，一般而言是这样的：首先，内部人员的整合优化，因为“我想雇用一位我见过他工作的人”；其次，熟人推荐介绍，因为“我想雇佣一位值得信赖的朋友推荐的人”；最后才是人才市场招聘或网络招聘。因此，大学生应努力发展社会自我，从而拓展自己的就业支持系统，这样才能获得比一般人更多的机会。因而，积极主动发现并拓展社会自我也是自我探索的重要组成部分。

总而言之，自我探索的内容是职业自我的三个构成部分，包括外在自我、心理自我和社会自我。和心理自我相比，外在自我和社会自我较为客观，也相对容易探索。

（二）自我探索的方法

要想探索自我，首先需要三样东西：第一，自我探索需要智慧。印度著名哲学家吉杜·克里希那穆提主张真理纯属于个人领悟，一定要用自己的光来照亮自己。用自己的眼睛、自己的思维、自己的主见来认识和评价自己。第二，自我探索需要勇气。许多人并不是不能认识自己，而是囿于自己过去的经历，不能坦然面对自己。第三，自我探索需要时间。可以说，人生的整个过程实际上就是一个不断认识自我的过程，也是不断挖掘自己的过程。

1. 职业测评法

事物皆可度量，只是心理更难测知。在日常生活中，透过行为管窥心理特质，有时难免会失之毫厘，谬以千里。心理学家经过长期研究，对心理特质所对应的行为表现已经列举得较为全面，所以，心理测量，尤其是标准化心理测量，测试结果也相对比较可信。

职业测评是心理测量的一个分支。如今在职业生涯规划中使用的测评工具，主要分为两大类，即正式测评工具和非正式测评工具。

（1）正式测评工具。职业测评中常用的正式测评工具有：

①兴趣测评：最普遍使用的是霍兰德自我探索量表（简称 SDS 量表），它根据霍兰德的职业兴趣理论编制，主要用于测量个体的兴趣类型。此外，还有斯特朗职业兴趣表（简称 SVIB）等。

②性格测评：最普遍使用的是迈尔斯·布里格斯类型指标测评（简称 MBTI），它根据荣格的性格理论编制，将人从四个维度分成 16 种类型，每一类型都有相对适合的工作。此外，还有卡特尔的 16 种人格因素测验（16PF）等也被广泛使用。

③价值观测评：常见的主要有工作价值观量表（简称 WVI）、施恩的职业锚测试（又称职业定位测试）、田崎仁的职业价值观测试、罗克奇价值观调查表等。

除此之外，还有用于测评职业能力、气质、情商管理等的测评量表。

正式测评工具使用时的注意事项有：

①测评前，需保证具备三个基本条件：完整的时间、安静不被打扰的环境、平和的情绪。

②测评中，认认真真做测评，对测评题的答案以第一感觉为主。

③测评后，平平淡淡看结果，职业测评只是帮助我们探索的辅助工具，若对测评有疑问，可与学校的职业咨询老师或课程教师面谈、分析。

（2）非正式测评工具。非正式测评主要是通过活动形式，包括讲故事、绘画、游戏等，来解读故事、绘画及活动等背后包含的个人心理特质。

常用的非正式测评的活动有：分享个人闪光时刻、讲述成就事件、绘画个人生涯彩虹图、房树人图画、职业价值观拍卖活动、价值头脑风暴活动等。

2. 自我省思法

“省”即自我省思，是通过自我意识来省察自己言行的过程，是自我意识能动性的表现，也是探索自我的行之有效的方法。

在日常生活中，通过省思进行自我探索的具体方法有很多种。

（1）日记法。记载日常经历的事件，从中总结成败得失，记录个人情绪变化与思考感悟。

（2）个人传记法。“个人传记”是对个人成长史的回顾，它的重点不在于定性的评价，而是要尽量描述事情的本来面目，并写出自己的感受，主要包括：

①我当时有什么志向？

②我会立下这种志向，最主要是受到哪些事情或经验的影响？

③我当时最崇拜的人是谁？为什么？

④我最后选择了什么？放弃了什么？

（3）成就故事法。成就故事法的重点是：

①至少记录五件在学习或工作、生活上的成就，每件事例都要记载时空背景，包括人物、地点和时间，并做以下分析：发生了什么事？遭遇哪些挑战？当时是如何应对挑战的？取得了哪些成果？

②找出这几件经历背后的共通之处，例如都使用了自己的某些能力，都是因为自己的哪些品质，都是基于自己某方面的兴趣，爱好等，这些才是撰写成就故事的核心价值所在。

自我省思是自我探索的重要途径，要做生活的有心人，从日常生活的点滴事件中发现自己的能力、兴趣、价值观及性格特征等，并将分析得到的这些特征与未来目标职业联系起来。

3. 他人评价法

20 世纪初期社会学家库利提出“镜中我”的概念，他认为他人评价就是通过观察他人对自己言行举止的反应进行自我感知。

他人评价就如同一面镜子，可以多角度观测到自己在生活中的表现，并以此评估自己的各项特质。

4. 橱窗分析法

心理学家乔瑟夫·鲁夫特与哈利·英格汉提出“周哈里窗”模式。该模式是一种借助直角坐标系的不同象限来展示人的不同“自我”的分析方法。以别人了解自己的程度作为横坐标，以自己了解自己的程度作为纵坐标，具体如图 2-1 所示。

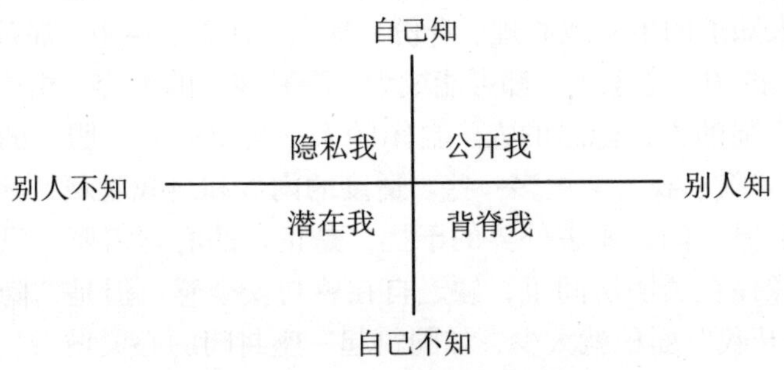

图 2-1　“周哈里窗”模式

四个象限的含义及意义分别如下所示：

（1）“公开我”。即自己知道，别人也容易知道的部分，也称为“开放我”或“公众我”，属于自由活动领域。该部分是自己清楚别人也知道的部分，所谓“当事者清旁观者也清”。比如，我们的性别、外貌；某些可以公开的信息，包括婚否、职业、工作、生活所在地、能力、爱好，特长、成就等。“开放我”的大小取决于自我心灵开放的程度、个性张扬的力度、人际交往的广度、他人的关注度、开放信息的利害关系等。“开放我”是自我最基本的信息，也是了解自我、评价自我的基本依据。

（2）“背脊我”。即别人知道而自己不知道的部分，对自己而言这部分往往属于盲目领域，所以也称为“盲目我”。所谓“当事者迷旁观者清”，指的就是“背脊我”这扇窗口。可以是一些很突出的心理特征，比如有人轻易承诺却转眼间忘得干干净净；也可以是不经意的一些小动作或行为习惯，比如一个得意的或者不耐烦的神态和情绪流露，自己没能觉察，除非别人告诉你。盲目我可以是一个人的优点或缺点。因为事先不知不觉，所以当别人告诉自己时，或惊讶、或怀疑、或辩解，特别是听到与自己初衷或想法不相符合的情况时。“背脊我”的大小与自我观察、自我反省的能力有关，通常内省特质比较强的人，盲点比较少，“背脊我”比较小。而熟悉并指出“背脊我”的人，往往也是关爱我们、欣赏我们、信任我们的人（虽然也可能是最挑剔我们的人）。所以，我们要学会用心聆听，重视他人的回馈；不固执，不过早下结论；学会感恩，感恩他人帮助自己拨开迷雾见晴天。

（3）“隐私我”。这是自己知道而别人不知道的部分，也称为“隐藏我”，属于隐藏或逃避领域，也就是我们常说的隐私，即留在心底，不愿意或不能让别人知道的事实或心理。身份、缺点、往事、疾患、痛苦、窃喜、愧疚、尴尬，欲望、意念等，都可能成为“隐私我”的内容。相比较而言，心理承受能力强的人，隐忍的人，自闭的人，自卑的人，胆怯的人，虚荣或虚伪的人，“隐私我”会更多一些。适度的内敛和自我隐藏，给自我保留一个私密的心灵空间，避去外界的干扰，是正常的心理需要。没有任何隐私的人，就像住在透明房间里，缺乏自在感与安全感。但是“隐私我”面积太大，“公开我”面积就太少，如同筑起一座封闭的心灵城堡，无法与外界进行真实有效的交流与融合，既压抑了自我，也令周围的人感到压抑，容易导致误解和曲解，造成他评和自评的巨大反差，成为人际交往的迷雾与障碍，甚至错失机会。勇于探索自我者，不能只停留在“公开我”的层面，还应敢于直面“隐私我”的秘密和实质。

（4）“潜在我”。这是自己和别人都不知道的部分，也称为“未知我”。属于处女领域，有待进一步的挖掘和发现。通常是指一些潜在能力或特性，比如一个人经过训练或学习后，可能获得的知识与技能，或者在特定的机会里展示出来的才干，也包含弗洛伊德提出的潜意识层面，仿佛隐藏在海水下的冰山，力量巨大却又容易被忽视。对“未知我”的探索和开发，才能更全面而深入地认识自我、激励自我、发展自我、超越自我。学着尝试一些全新的领域，挖掘潜力，会收获惊喜。勇于自我探索者，要善于开发“潜在我”。

三、自我探索对于职业生涯规划的现实意义

职业生涯发展与人的自我概念有着密切的关系。舒伯认为，个体职业生涯的发展是与其自身生涯、心理成长同步的。在生涯发展的过程中个体不断地重新审视自我、发现自我。因此，自我探索是职业生涯规划的现实需要。

职业生涯规划，是指个人在生涯发展的历程中，对自身各种特质以及外界进行探索，以逐渐形成职业决策，并建立职业目标，拟订实现目标的工作、教育、培训计划和行动方案的过程。我们可以用一个公式来表示：

职业生涯规划=知己+知彼+决策+评估+调整

自我探索的内容很多，如健康状况，所处家庭及社会环境、人格等。在人的职业生涯规划中，自我探索主要回答以下四个问题：

（1）我喜欢做什么？

（2）我适合做什么？

（3）我会做什么？

（4）我需要什么？

在这些问题探索的基础上，结合对当前职业发展机会的评估，即可以做出有效的职业决策与规划。可见，自我探索中的兴趣、价值观、能力、性格，是对职业生涯发展规划影响重大的自我概念中的四大因素。

关于这四大心理特质因素，每个个体都与众不同，因此每个人胜任的职业也不同。而每个人的这些特质又会随着生活和职场的环境变化，在时间流逝与个人成长中发生变化。因此，伴随个人成长与环境变化的职业内在自我探索，是一个永恒而持久的命题。职业生涯决策与规划的最好方式，就是从真诚审视自我开始。

花时间了解自己，做自己的观察家，与他人交往，不断尝试去做更多的事情，通过与整个外部世界的互动认识真实的自己。除此之外，阅读也是一个认识自己的重要方式。使用这些方法的前提是有认识自己的意愿。一个人有认识自己的意愿，才会有认识自己的行动，才会真正认识到这一点：你值得被自己认识，因为你很重要。如果对这一点不确信，一个人不会努力尝试去认识自己。一个不爱自己，甚至是讨厌自己，认定自己没有价值的人，如何做到去探索更多、更好的自己呢？我们需要对自己说：我值得被自己认识，因为我很重要。

第二节　大学生职业能力探索

一、能力和职业能力

（一）能力是一种个性心理特征

能力的高低会影响一个人掌握活动的快慢、难易和巩固程度。如果一个人能力的某种结合符合活动的要求，那么这个人便能顺利地、高水平地从事某项活动，表现出拥有的能力；如果一个人不具备活动所要求的能力，他的活动效果就不好。由此可见，能力是与活动的要求相符合并影响活动效果的个性心理特征的综合。

（二）能力的分类

根据不同的标准可以将能力进行如下分类。

1. 一般能力和特殊能力

一般能力是指观察、记忆、思维、想象等能力，通常也叫智力。它是人们完成任何活动所不可缺少的，是能力中最主要又最一般的部分。特殊能力是指人们从事特殊职业或专业需要的能力。例如音乐中所需要的听觉表象能力。人们从事任何一项专业性活动，既需要一般能力，也需要特殊能力。二者的发展也是相互促进的。

2. 流体能力和晶体能力

晶体能力是以学得的经验为基础的认知能力，如人类学会的技能、语言文字能力、判断力、联想力等。与流体能力相对应，晶体能力受后天的经验影响较大，主要表现为运用已有知识和技能去吸收新知识和解决新问题的能力，这些能力不随年龄的增长而减退，只是某些技能在新的社会条件下会变得无用。流体能力指基本心理过程的能力，它随年龄的衰老而减退。晶体能力在人的一生中一直在发展，它与教育、文化有关，并不因年龄增长而降低，只是到 25 岁以后，发展的速度渐趋平缓。

3. 模仿能力和创造能力

模仿能力指通过观察别人的行为、活动来学习各种知识，然后以相同的方式做出反应的能力。而创造能力则是指产生新思想和新产品的能力。

4. 认知能力、操作能力和社交能力

能力按照它的功能可划分为认知能力、操作能力和社交能力。

认知能力指的是接收、加工、储存和应用信息的能力。它是人们成功地完成活动最重要的心理条件。知觉、记忆、注意、思维和想象的能力都被认为是认知能力。美国心理学家加涅提出了三种认知能力：言语信息（回答世界是什么的问题的能力）、智慧技能（回答为什么和怎么办的问题的能力）、认知策略（有意识地调节与监控自己的认知加工过程的能力）。

操作能力指的是操纵、制作和运动的能力。劳动能力、艺术表现能力、

体育运动能力、实验操作能力都被认为是操作能力。操作能力是在操作技能的基础上发展起来的，又成为顺利地掌握操作技能的重要条件。认知能力和操作能力紧密地联系着，认知能力中必然有操作能力，操作能力中也一定有认知能力。

社交能力指的是人们在社会交往活动中所表现出来的能力。组织管理能力、言语感染能力等都被认为是社交能力。在社交能力中包含认知能力和操作能力。

（三）能力的特征

1. 能力是人的潜能和对潜能的开发

所谓“天赋”，是指人通过遗传基因以“潜能”的形式而先天获得的能力，比如音乐天赋、美术天赋、数学天赋、想象天赋等。而能力是指通过后天的培养和社会实践的锻炼，对人的潜能进行开发。

2. 能力是思维活动和后天实践的有机统一

特定的职业能力只有通过特定的职业活动才能得以实现，并在这个过程中得到增强和发展。

3. 能力是知识、经验和技能的结合

知识、经验和技能是构成能力最为基本的要素，能力以智力为核心。智力必须运用知识、经验才能实现解决问题的能力，而知识、经验又和技能密切关联，技能是在知识、经验的基础上产生的，知识、经验决定技能的熟练程度。

（四）能力的个体差异

人的能力有个体差异，这种差异可以从量、质和发展三方面来分析。从量来看，有人能力水平高，有人能力水平低，这是能力发展水平上的差异；从质来看，完成同一活动的同样成绩，不同人可能采取不同的途径或不同能力的结合，这是能力类型上的差异；从发展来看，有人能力发展早（早慧），有人能力发展晚（大器晚成），这是能力表现早晚的差异。了解自己的能力类型，有助于掌握自身的特点，有意识地去培养各种能力，有的放矢地制订和实施学习计划及发展规划，做到扬长避短、知己知彼。

（五）个体最被重视的技能和个人品质

根据美国“全国大学与雇主协会”（NACE）的调查，美国雇主们最为重视的技能和个人品质按顺序排列如下：

（1）沟通能力；
（2）积极主动性；
（3）团队合作精神；
（4）领导能力；
（5）学习成绩；
（6）人际交往能力；
（7）灵活性／适应能力；
（8）专业技术；
（9）诚实正直；
（10）工作道德；
（11）分析和解决问题的能力。

我们可以看到，其中（1）（4）（6）（7）（11）属于可迁移技能，（2）（3）（9）（10）是自我管理技能，（5）（8）属于知识技能。

二、能力的不同导致了职业选择的差异

事业发展和能力之间有直接关系。能力，不是抽象的素质，它可以通过职业角色来表现。例如，交响乐团的指挥，其能力显然和出色的科技人员、飞机驾驶员不同。

能力是一个人能否进入职业的先决条件，是能否胜任职业工作的主观条件。无论从事什么职业总要有一定的能力做保证。能力是完成一定活动的本领。人在一生之中，要从事各种各样的社会生活和社会生产活动，必须具备多种能力与之相适应。我们这里所言的能力，是指劳动者从事社会生产活动的能力，即职业工作能力。

因此，了解自己的能力倾向及不同职业的能力要求对合理地进行职业选择具有重要意义。能力不同，对职业选择就有差异。从能力差异的角度来看，在职业选择时应遵循以下原则。

（一）注意能力类型与职业相吻合

人的能力类型是有差异的，即人的能力发展方向存在差异。职业研究表明，职业可以根据工作的性质、内容和环境而划分为不同的类型，并且

对人的能力也有不同的要求，因而应注意能力类型与职业类型的吻合。能力水平要与职业层次一致或基本一致。对一种职业或职业类型来说，由于所承担的责任不同，又可分为不同层次，不同的层次对人的能力有不同的要求。因而，在根据能力类型确定了职业类型后，还应根据自己所达到或可能达到的能力水平确定相吻合的职业层次。只有这样，才能使能力与职业的吻合具体化。

充分发挥优势能力的作用。每个人都具有一个多种能力组成的能力系统，每个人在这个能力系统中，各方面能力的发展是不平衡的，常常是某方面的能力占优势，而另一些能力则不太突出，对职业选择和职业指导而言，应主要考虑其最佳能力，选择最能运用其优势能力的职业。

（二）注意一般能力与职业相吻合

一般能力包括注意力、观察力、记忆力、思维能力和想象力等。不同的职业对人的一般能力的要求不同。有些职业对从业者的一般能力有绝对的要求，如律师、工程师、科研人员、大学教师等都要求有较高的智商。一般能力在相当大的程度上决定着其所从事的职业类型。

（三）注意特殊能力与职业相吻合

特殊能力是指从事某项专业活动的能力，也可称特长，如计算能力、音乐能力、动作协调能力、语言表达能力、事务能力、空间判断能力、形态知觉能力、手指灵活度与灵巧度等。要顺利完成某项工作，除要具有一般能力外，还要具有该项工作所要求的特殊能力，如从事教育工作需要有阅读能力和表达能力；从事数学研究需要具有计算能力、空间想象能力和逻辑思维能力；法官应具有很强的逻辑推理能力；建筑师应有一定的空间判断能力。

三、职业能力探索

了解自己职业能力的状态，是做职业生涯选择的基础，也是有的放矢地培养和锻造自我能力的基础。大学生应积极探索自我能力的发展状况，为能力的发展做好准备。

（一）职业能力自评

该测试的评定用五级量表：A 强、B 较强、C 一般、D 较弱、E 弱。

测试分为 9 组，每组均相应测试一项职业能力。每组均有 6 题，按上述 5 个等级为各题打分。能力 A 强的为 1 分，B 较强的为 2 分，C 一般的为 3 分，D 较弱的为 4 分，E 弱的为 5 分。累计各项得分之后，合计总分。如表 2-1～表 2-9，题目如下：

表 2-1　第一组　语言能力

项　目	A 强	B 较强	C 一般	D 较弱	E 弱
阅读速度快，并能抓住中心内容清楚地向别人解释难懂的概念					
善于表达自己的观点					
对文章中的字词段落和篇章的理解分析和综合的能力					
掌握词汇量的程度					
中学时的语文成绩					
小计分数					
合计					

表 2-2　第二组　数理能力

项　目	A 强	B 较强	C 一般	D 较弱	E 弱
作出精确的测量（如测长、宽、高等）					
解算术应用题					
笔算能力					
心算能力					
使用工具（如计算器）的计算能力					
中学时的数学成绩					
小计分数					
合计					

表 2-3　第三组　空间判断能力

项　目	A 强	B 较强	C 一般	D 较弱	E 弱
美术素描画的水平					
画三维度的立体图形					
看几何图形的立体感					
想象盒子展开后的平面形状					
玩拼板（图）游戏					
中学时的美术成绩					
小计分数					
合计					

表 2-4　第四组　察觉细节能力

项　目	A 强	B 较强	C 一般	D 较弱	E 弱
发现相似图形中的细微差异					
识别物体的形状差异					
检查物体的细节					
注意到多数人忽视的物体的细节部分					
观察图案是否正确					
中学时善于找出数学作业的细小错误					
小计分数					
合计					

表 2-5　第五组　书写能力

项　目	A 强	B 较强	C 一般	D 较弱	E 弱
快速而正确地抄写资料（如姓名、数字等）					
阅读中发现错别字					
发现计算错误					
在图书馆很快地查找编码卡					
发现图表中的细小错误					
自我控制能力（如较长时间做抄写工作）					
小计分数					
合计					

表 2-6　第六组　运动协调能力

项　目	A 强	B 较强	C 一般	D 较弱	E 弱
劳动技术课中做操作机器一类的活动					
玩电子游戏或瞄准打靶					
在体操、广播操一类活动中身体的协调灵活性					
打球姿势的平衡度					
打字比赛或算盘比赛					
闭眼单腿站立的平衡能力					
小计分数					
合计					

表 2-7　第七组　动手能力

项　目	A 强	B 较强	C 一般	D 较弱	E 弱
灵巧地使用手工具（如榔头，锤子）					

续表

项　目	A 强	B 较强	C 一般	D 较弱	E 弱
灵巧地使用很小的工具（如镊子、缝衣针等）					
弹乐器时手指的灵活度					
动手做一件小手工艺品					
很快地削水果（如苹果、梨子）					
修理、装配、拆卸、编织、缝补等一类的活动					
小计分数					
合计					

表 2-8　第八组　社会交往能力

项　目	A 强	B 较强	C 一般	D 较弱	E 弱
善于在陌生的场合发表自己的意见					
善于在新场所结交新朋友					
口头表达能力					
善于与人友好交往，并协同工作					
善于帮助别人					
擅长做别人的思想工作					
小计分数					
合计					

表 2-9　第九组　组织管理能力

项　目	A 强	B 较强	C 一般	D 较弱	E 弱
善于组织单位或班级的集体活动					
在集体活动或学习中，时常关心他人的情况					
在日常生活中能经常动脑筋，想出别人想不到的好点子					
冷静果断处理突然发生的事情					
在你曾做过的组织工作中，你认为自己的能力等级					
善于解决同事或同学之间的矛盾					
小计分数					
合计					

能力等级评定办法：以各组总计得分除以 6 可得该组所测职业能力最后得分。把每一组的评定等级填入表 2-10。根据能力等级评定得分，可以

判断能力等级属于哪个等级；五个等级含义“1”为强；“2”为较强；“3”为一般；“4”为较弱；“5”为弱。评定等级可能有小数点，如等级2.2，表示此种能力水平稍低于较强水平，高于一般水平。

表 2-10 职业能力等级评定

组 别	相应职业能力	合计分数	能力等级评定分数（合计分数 / 6）	能力等级
第一组	语言能力			
第二组	数理能力			
第三组	空间判断能力			
第四组	察觉细节能力			
第五组	书写能力			
第六组	运动协调能力			
第七组	动手能力			
第八组	社会交往能力			
第九组	组织管理能力			

各种职业能力的特点如下：

（1）言语能力，即对词及其含义的理解和使用能力，对词、句子、段落、篇章的理解能力，以及善于清楚正确地表达自己的观点和向别人介绍信息的能力。

（2）数理能力，即迅速而准确地运算以及在准确的同时，能推理、解决应用问题的能力。

（3）空间判断能力，即对立体图形以及平面图形与立体图形之间的关系的理解能力，包括能看懂几何图形，对立体图形的三个面的理解力，识别物体在空间运动中的联系，解决几何问题。

（4）察觉细节能力，即对物体或图形的有关细节具有正确的知觉能力，对于图形的明暗、线的宽度和长度作出区别和比较，看出其细微的差异。

（5）书写能力，即对词、印刷物、账目、表格等材料的细微部分具有正确的知觉能力，善于发现错字和正确地校对数字的能力。

（6）运动协调，即眼、手、脚、身体迅速准确地随活动的动作作出精确的运作和运动反应，手能跟随所看到的东西迅速行动，进行正确控制的能力。

（7）动手能力，即手、手指、手腕能迅速而准确地活动和操作小的物体，在拿取、放置、换、翻转物体时，手能作出精巧运动和腕的自由运动能力。

（8）社会交往能力，即善于人与人之间的相互交往、相互联系、相互帮助、相互影响，从而协同工作或建立良好的人际关系。

（9）组织管理能力，即擅长组织和安排各种活动，以及协调活动中的人际关系的能力。

（二）创造力测验

正是有了创造力，人类的生活才能够丰富多彩、日新月异。对一个人的创造力进行测量，对于预测他在未来的职业中的成就具有重要的参考意义。创造力的重要性在当今时代被提到了一个前所未有的高度，在人才选拔尤其是选拔高层管理人才和技术人才时，创新能力的高低更是一个关键指标。心理学家在 20 世纪 50 年代就对创造力进行了系统、科学的研究，编制了一系列测验对创造力进行测量。进行测量的主要量表有：威廉斯创造力倾向测验量表、托兰斯创造性思维测验、南加利福尼亚大学创造力测验、芝加哥大学创造力测验等。

第三节　大学生价值观探索

一、价值观的内涵解析

（一）价值观的界定

价值观是指个人对客观事物及自己行为结果的意义、作用、效果和重要性的总体评价，是对什么是好的、什么是应该的总看法，是推动并指引一个人作出决定和采取行动的原则标准，是个性心理结构的核心因素之一。

（二）价值观的作用

1．价值观对动机有导向的作用

人们行为的动机受价值观的支配和制约，价值观对动机模式有重要影响。在同样的客观条件下，具有不同价值观的人，其动机模式不同，产生的行为也不相同，动机的目的、方向受价值观的支配，只有那些经过价值判断被认为是可取的动机，才能转换为行为，并以此为目标引导人们的行为。

2．价值观决定、调节、制约个性倾向中低层次的需要

价值观决定、调节、制约个性倾向中低层次的需要、动机、愿望等，它是人的动机和行为模式的统帅。人的价值观建立在需求的基础上，一旦确定则反过来影响调节人进一步的需求活动。价值观反映人的认知和需求状况，是人对客观世界及行为结果的评价和看法，因而，它从某个方面反映了人的人生观和价值观，反映了人的主观认知世界。

3．价值观的特性

（1）价值观是因人而异的。由于每个人的先天条件和后天环境不同，人生经历也不尽相同，使得每个人价值观的形成都会受到不同因素的影响，因此，每个人都有自己的价值观和价值观体系。也就是说，在同样的客观条件下，具有不同价值观和价值观体系的人，其动机模式不同，产生的行为也不尽相同。

（2）价值观是相对稳定的。价值观是人的思想认识的深层基础，它形成了人的世界观和人生观。它是随着人认知能力的发展，在环境、教育的影响下，逐步培养而成的。人的价值观一旦形成，便是相对稳定的，具有持久性。

（3）价值观在特定的环境下是可以改变的。由于环境的改变、经验的积累、知识的增长，人的价值观有可能发生变化。

二、职业价值观

由于个人的身心条件、年龄阅历、教育状况、家庭影响、兴趣爱好等方面的不同，人们对各种职业有着不同的主观评价。从社会来讲，由于社会分工的发展和生产力水平的相对落后，各种职业在劳动性质、劳动难度和强度、劳动条件和待遇、所有制形式和稳定性等诸多问题上，都存在着差别，再加上传统的思想观念等的影响，各类职业在人们心目中的声望、地位便也有好坏高低之分，这些评价都形成了人的职业价值观，并影响着人们对就业方向和具体职业岗位的选择。

（一）职业价值观的界定

职业价值观是指人生目标和人生态度在职业选择方面的具体表现，也就是一个人对职业的认识和态度以及他对职业目标的追求和向往。理想、信念、世界观对于职业的影响，集中体现在职业价值观上。

俗话说，人各有志。这个“志”表现在职业选择上就是职业价值观，它是一种具有明确的目的性、自觉性和坚定性的职业选择的态度和行为，对一个人的职业目标和择业动机起着决定性的作用。

每种职业都有各自的特性，不同的人对职业意义的认识不同，对职业好坏有不同的评价和取向，这就是职业价值观。职业价值观决定了人们的职业期望，影响着人们对职业方向和职业目标的选择，决定着人们就业后的工作态度和劳动绩效水平，从而决定了人们的职业发展情况。哪个职业好？哪个岗位适合自己？从事某一项具体工作的目的是什么？这些问题都是职业价值观的具体表现。

（二）确定个人的职业价值观

在做职业生涯规划之前，一定要清楚和明确自己的价值观和职业价值观。对自己的价值观，特别是职业价值观进行分析时，可以参照学者们所提出的价值观类型，判断自己到底属于哪一种。可以把不同职业价值观的内容加以归结，根据所体现的主要方面，来确定自己的职业价值观中的主要因素是什么。

1．发展因素

符合兴趣爱好、机会均等、公平竞争、工作有挑战性、能发挥自身才能、工作自主性大、能提供培训机会、晋升机会多、专业对口、发展空间大、出国机会多，等等。这些职业要素都与个人发展有关，因此称为“发展因素”。

2．保健因素

工资高、福利好、保险全、职业稳定、工作环境舒适、交通便捷、生活方便，等等。这些职业要素与福利待遇和生活有关，因此称为“保健因素”。

3．声望因素

单位知名度高、单位规模大等，这些职业要素都与职业声望、地位有关，因此称为“声望因素”。

职业价值观是一个复杂的多维度的心理因素，对职业的选择和衡量有多种要素的参与，但各要素所起的作用是不相同的。从当前的实际来看，许多调查显示，大学生的职业价值观越来越重视发展因素，而对保健因素和声望因素的重视程度则因人而异，差别较大。

（三）树立正确的职业价值观

当前，随着家庭对子女接受高等教育的投资日渐增大，对子女就业的期望值也相应提高。但是，很多大学生对用人单位的用人标准和自身条件都不是很清楚，在就业选择和职业发展的观念上有一定的盲目性，只是一味追求“我想干什么”，而不是考虑“我能干什么”“社会需要我干什么”，导致求职时四处碰壁。因此，大学生应该有正确的职业价值观。

1. 把正确的职业理想与务实的就业定位结合起来

每个大学毕业生都有自己的职业理想，希望找到一个满意的职业，作为实现自己人生价值的平台。对此，我们要予以充分肯定。但是，这种职业理想应建立在现实的基础上，如果像有些毕业生坚持“非高薪不干，非大企业不进，非省会城市不去”的就业观念，那恐怕在现实中会经常碰壁。在我国高等教育已“大众化”的今天，大学既培养社会精英，也培养普通的社会劳动者。经济发达地区和热门行业毕竟是少数，其吸纳大学毕业生的能力有限，而相当一部分不被大学生看好的地方和行业，却对大学生有巨大的需求。无数的事例说明，只有把自己的理想与国家、社会的需要统一起来，把个人的就业选择同现实的条件结合起来，职业发展才有现实的基点，理想的实现才有可靠的平台。

2. 树立基层就业的职业价值观

当前，我国大学生就业形势依然严峻，大量增加的毕业生对社会经济的发展、全民素质的提高无疑有巨大的促进作用。但是，我们也应该看到，一方面，城市待业的毕业生数量大量增加；另一方面，大量基层地区、基层单位人才严重匮乏，一些偏远地区对大学生的需求日益迫切。这种失衡的状态不仅给社会带来了相当大的压力，也不利于大学生自身的发展，从而造成了人才的巨大浪费。因此，大学生到基层就业越发显得重要和紧迫。另外，到基层就业也是大学生自身职业发展的需要，要明白到基层就业不仅可以把知识转化为能力，心理素质也会得到提升，更可以懂得基层工作的辛苦，增加生活体验和感悟，为日后从事管理工作打下基础。

3. 适合自己的职业就是最好的职业

每个大学生都是一个独立的个体，有着不同的职业兴趣、职业能力和人格特质，适合自己的职业也是不同的，因此要选择适合自己的职业。良好而稳定的职业兴趣使人在从事各种实践活动时，具有高度的自觉性和积极性。大学毕业生根据自己的职业兴趣选择职业，兴趣就会变成巨大的动力，促使其在工作中取得成就；反之，如果对从事的职业不感兴趣，就会影响积极性的发挥，难以从工作中得到心理上的满足，不利于在工作上取得成就。

4．要有良好的就业心态和创业的思想准备

就业本身就是一种竞争，由于大学生年轻，往往有急于求成的心理，一旦在就业中遇到挫折，就很容易意志消沉，一蹶不振。因此保持良好的就业心态，对于顺利就业也很重要。面对严峻的就业形势，大学毕业生要充满自信，勇敢去面对竞争，既不能妄自菲薄、缩手缩脚、不敢“推销”自己；也不能狂妄自大、对单位挑三拣四，最终“高不成低不就”。要清楚地认识到，求职遇到的困难、挫折、委屈都是暂时的、是在所难免的，一味抱怨解决不了问题，关键是对待挫折要有充分的心理准备，坚信“天生我材必有用”，摆正位置，调整心态，变压力为动力，使自己能从容、冷静地面对就业这一人生重大课题，并作出正确、理智的选择。

三、价值观的分类

美国社会心理学家米尔顿·洛克奇提出，价值观是个人或社会偏好某种行为方式或生存目标的持久性信念。他总结了 13 种价值观偏好。

（1）成就感。提升社会地位，得到社会认同；希望工作能受到他人的认可，对工作的完成和挑战成功感到满足。

（2）美感的追求。能有机会多方面地欣赏周围的人、事、物，或任何自己觉得重要且有意义的事物。

（3）挑战。能有机会运用聪明才智来解决困难；舍弃传统的方法，选择创新的方法处理事物。

（4）健康。包括身体和心理健康，工作能够避免焦虑、紧张和恐惧；希望能够心平气和地处理事务。

（5）收入与财富。工作能够明显、有效地改变自己的财务状况；希望能够得到足够的金钱，购买自己喜欢的东西。

（6）独立性。在工作中能有弹性，可以充分掌握自己的时间和行动，自由度高。

（7）爱、家庭、人际关系。关心他人，与别人分享，协助别人解决问题；体贴、关爱周围的人，慷慨。

（8）道德感。与组织的目标、价值观、宗教观和工作使命等能够不相冲突。

（9）欢乐。享受生命，结交新朋友，与别人共处，一同享受美好时光。

（10）权力。能够影响或控制他人，使他人照着自己的意思去行动。

（11）安全感。能够满足基本的需求，有安全感，能远离突如其来的变动。

（12）自我成长。能够追求知性上的刺激，寻求更圆融的人生，在智慧上有所提升。

（13）协助他人。体会到自己的付出对团体是有帮助的，别人因为你的行为而收获颇多。

人所拥有的价值观可分为终极性价值观和工具性价值观。终极性价值指的是一种期望存在的终极状况，它是一个人希望通过一生而实现的目标，偏重人对于生命意义及生活目标的信念，也就是关于成为什么样的人、过什么样的生活之类的想法；工具性价值观，指的是偏爱的行为方式或实现终极价值观的手段，偏重人对生活手段及行为方法的信念，也就是关于何种特质或条件较佳、如何实现生活目标之类的想法。洛克奇编制的“价值调查表”用来测量工具性价值观和终极性价值观中诸因素的相对强度，每一类型各有 18 项具体内容，如表 2-11 所示。

表 2-11　终极价值与工具价值对照表

终极价值观	工具价值观
舒适的生活（富足的生活）	雄心勃勃（辛勤工作，奋发向上）
振奋的生活（刺激的、积极的生活）	心胸开阔（开放）
成就感（持续的贡献）	能干（有能力，有效率）
和平的世界（没有冲突和战争）	欢乐（轻松愉快）
美丽的世界（艺术和自然的美）	清洁（卫生，整洁）
平等（平等发展，机会均等）	勇敢（坚持自己的信仰）
家庭安全（照顾自己所爱的人）	宽容（谅解他人）
自由（独立、自主的选择）	助人为乐（为他人的福利工作）
幸福（满足）	正直（真挚，诚实）
内在和谐（没有内心冲突）	富于想象（大胆，有创造性）
成熟的爱（性和精神上的亲密）	独立（自力更生，自给自足）
国家的安全（免遭攻击）	智慧（有知识，善思考）
快乐（快乐的、休闲的生活）	符合逻辑（理性的）
救世（救世的、永恒的生活）	博爱（温情的，温柔的）
自尊（自重）	顺从（有责任感，尊重的）

续表

终极价值观	工具价值观
社会承认（尊重，赞赏）	礼貌（有礼的，性情好）
真挚的友谊（亲密关系）	负责（可靠的）
睿智（对生活有成熟的理解）	自我控制（自律的，约束的）

终极性价值观常常被人们忽略，许多人仅仅把工具性价值观当成一生的追求。

第三章　大学生职业生涯目标与职业决策

第一节　职业与生涯目标

一、职业与生涯目标概念界定

进行职业生涯规划，首先必须知道自己的生涯目标是什么。生涯目标也就是我们常谈的人生目标，实际上就是探讨你要成为什么样的人，你的一生该如何度过，怎样才能使自己的人生过得有意义、有价值，怎样才能取得成功，怎样才能拥有幸福的生活。生涯目标是指引一个人成长和发展的导航标。

在生涯目标中，职业目标处于核心地位，贯穿人生的整个历程。孩提时代，人们就开始憧憬自己的职业理想，不过，由于少年时期对职业的理解过于肤浅，成长过程中我们往往会不断地调整、改变自己原先的目标，这些目标可能不切实际或者根本不符合自己的需求；在大学时代，要为将来走向社会、找到一份适合自己的职业而进行知识、能力、心理等方面的准备；进入职场后，人们通过职业来获得物质报酬，得到精神满足和自我实现等，所以，职业是实现人生目标的载体和基础。

然而，生涯目标并不局限于职业目标，其内容更加丰富和多元化。由于人一生中要扮演多重角色，我们的生涯目标应该是多重的，舒伯提出的九种主要人生角色中，大学生扮演了子女、学生、休闲者和公民等四种，还有不少学生已经尝试扮演配偶（男友／女友）角色；进入工作岗位后，大家必须承担工作者角色。承担不同的角色需要实现的生涯目标也是不同的：学生角色要求认真听课、学习，完成教师布置的课内、外作业及练习；子女角色要求建立和谐的亲情关系，学会感恩，学会尊重和理解父母等；公民角色要求成为一个有责任感的人，学会自尊和尊重他人，学会自强和敬业，学会帮助与关爱他人等。大部分人希望自己能扮演好所有的角色，这就需要承担更大的责任。

大学阶段，学生思考最多的应该是学习目标和职业目标。需要注意的是，我们不能把职业目标仅仅狭隘地理解为一份工作。职业目标是在人生目标的基础上确立的，需要考虑个人的内因与外因，内因主要包括价值观、性格、兴趣、掌握的能力和知识等，外因主要包括人脉关系、经济状况、父母期望、劳动力供求关系、岗位能力和素质要求、工作地点、企业文化等。

二、大学生职业选择面临的问题

（一）就业岗位与所学专业不对口

美国 2015 年 6 月发布的一项调研结果表明：大学生毕业后仅有 27.3%的人最后做的是与大学所学专业相关的工作，有些人的职业与自己所学的专业不相关甚至南辕北辙。实际上，这样的情况在我国应届生首次求职过程中已很常见。结合智联招聘《大学生就业力调研报告》、猎聘《高校毕业生就业数据报告》等多份报告显示，2023 年仅四分之一的毕业生就业与所学专业对口，大部分人仅“有些交集”。造成这种结果的原因是多方面的。

首先，用人单位更加看重大学毕业生的经历而非专业。越来越多的用人单位在招聘人才时逐渐放开专业限制，更加注重毕业生的实习经验，因此专业在找工作中的权重也越来越低。此外，实习经历有助于毕业生获得录用通知已经不容置疑。随着用人单位越来越重视毕业生的工作技能和职场意识，实习经历在求职过程中发挥的作用也越来越重要。对于毕业生而言，求职前尝试不同公司和职位，可能成为求职关键时期的制胜法宝。

其次，越来越多的大学毕业生希望“为理想打工”。毕业生求职更加追求“精”和“准”，这从侧面反映出毕业生选择与专业不对口的职位的原因。毕业生将更多的精力放在寻找自己喜欢和感兴趣的职位上，对于岗位的挑选有了更长远的打算，所以拿到的录用通知一般是自己期望的职位；同时，专业不对口与创业大学生比例上升、应届大学毕业生创业热潮的兴起也有一定关系。在创业的毕业生中，有一半左右表示是为了实现自己的理想以及创业是自己的兴趣所在，凸显出新一代大学毕业生强烈的自我意识。

最后，更多的大学毕业生渴望在工作中获得技能类培训。2019 年高校毕业生就业报告显示：毕业生对工作回报的期待中，“能力提升”是选择比例最高的选项，超过 51%，高于薪酬待遇。调研表明，大学生最希望得到与工作相关的技能类培训，如沟通能力、英语能力以及计算机能力等方面的培训；有 36%的学生渴望获得职业规划培训，如职业辅导、就业方向、职业测评等方面的培训；再就是求职类培训。大学生认为自己需要在工作所需的技能方面得到提升，因此最希望获得与工作相关的技能培训。这也正是众多大学生选择的岗位与专业无关的原因之一。

从智联招聘《2022 大学生就业力调研报告》可以看到，今年 4 月份，选择自由职业、慢就业的毕业生所占比例有所上升，整体占比超过了 30%。从院校类别来看，专科院校是跨专业就业的主要群体，2022 届和 2023 届跨专业就业占比分为别 27%和 18%。显著高于其他院校群体。其次，普通本科院校跨专业就业的比例正在逐年增加。

即便专业对口，单纯从专业来看待职业，其实也有一定的片面性。某一职业对任职者的要求除了专业知识方面（内容性技能），还包括一些通用技能（功能性技能）和某些个性特征（适应性技能）。对于有些岗位而言，内容性技能的培养并不需要很长的时间，反而是一些功能性技能和适应性技能来源于任职者的先天遗传、早期教育及长期积累，很难在短期内培养和提升。

因此，虽然大学时期与学生未来的职业生涯直接相关，但大学的专业并不一定能够决定学生未来的职业。大学生所学专业与个人职业生涯发展的关系是多维度的。

（二）职业目标的选择具有动态性

寻找职业目标并不是一蹴而就的，而是每个人对自我和社会进行认知并实践的过程，只有对自我和社会有较充分的了解，才能找到适合自己的职业目标。同时，还应该注意到职业目标是动态的，需要不断地修正和调整。比如，自 20 世纪 90 年代中期以来，随着我国市场经济的发展，第三产业和第四产业成为新的经济增长点，银行、证券公司成为很多大学生求职的热门，到“美国读金融工程硕士，毕业后到华尔街找份高薪的职位”成为很多商学院大学生的理想。然而，2008 年金融危机爆发，银行、证券公司成为“重灾区”，美国华尔街出现了大批失业者，不少学生意识到“高收入可能伴随着高风险”。

此外，职业目标并不是生涯目标的全部，在人生旅程中，我们还要扮演其他角色，还需要实现其他角色的生涯目标。对于大学生来说，不仅要清楚自己明天需要什么，知道自己该朝哪个方向努力，而且要时刻意识到今天自己所扮演的角色，并尽力完成今天应该完成的生涯目标，不断地学习、实践和准备，完善自己的人格，只有这样，明天的事业成功和人生的幸福才不会遥不可及。

三、大学生确定职业与生涯目标的意义

（1）能够使大学生有方向感。目标是大学生职业生涯漫漫旅途中的灯塔，指引大学生走向人生成功，主宰自己的命运，而不是随波逐流、枉度一生。

（2）目标明确后，大学生能够保持积极的人生态度，不断激发成就动机，遇到挫折不气馁。

（3）设定目标使大学生能够着眼于未来，更有远见，从而更愿意为现在的事负责。

（4）根据目标，大学生可以努力缩小理想与现实的差距，使自己不至于眼高手低、好高骛远。

（5）大学生可以专注于目标，根据目标调动和整合自己的资源；能够在资源有限的情况下，集中精力完成有丰富资源但没有目标的人所无法完成的事情。

总之，目标是一切行动的指南。有了目标，就有了行动的方向，但更重要的是督促自己去采取行动、实现自己的目标，或者在实践中逐步调整并找到真正适合自己的目标。从中学到大学，不是只有学习内容、方法的变化，还有生活方式等诸多方面的改变。在初步适应了远离家乡和父母的独立生活之后，大学新生面临的首要问题是学习目标的调整。可以说，适应大学生活、重新找到奋斗目标是学生进入大学后的首要任务。

第二节 生涯目标分解

生涯目标可分解为长期目标、中期目标和短期目标。一般来说，短期目标服从于中期目标，中期目标服从于长期目标，长期目标服从于人生目标——比如我们的梦想。要实现梦想，必须脚踏实地，通常从具体的、短期的目标开始，这就是人们常说的“梦想落地”。

当然，在确定自己的人生目标和长期目标时，要多综合考虑社会因素和自身特点；制定中期目标和短期目标时，则要更多地考虑社会经济环境、工作条件和任职要求等职业因素与自身特点的匹配。通过自我认知和职业探索，制定出符合自身特点的个人短期目标、中期目标和长期目标，进而制定出完整的个人生涯目标体系。

一、长期目标

长期目标是指 5 年以上的目标，主要受个体人生目标的影响。常言道："人无远虑，必有近忧。"在生活中人们最容易忽视的就是长期目标。很多学生认为，5 年后的事情太遥远了，考虑那么多、那么远没什么用。果真如此吗？当然不是。近年来，大学生就业困难，很多大学毕业生找不到满意的工作，可也有一些大学生在毕业前就被名企高薪聘用了。这些被聘用的学生几乎都是在大一、大二时就树立了长期的职业发展目标。他们立大志、立长志，大学期间在志向的牵引下制定并完成了自己的中期目标和短期目标，从而有了一个好的职业生涯开端。

设定长期目标一般要考虑几个因素：目标非常符合自己的价值观；对自己的目标有足够的兴趣；目标具有一定的挑战性；目标是能够实现的。

二、中期目标

中期目标一般为 3～5 年的目标，也就是大学学习期间应该达到的目标。中期目标在长期目标的基础上确立，比如毕业后直接进入职场、找到一份满意的工作；考上理想的学校和专业的研究生；到自己所梦想的国家去留学；选择创业，实现当老板的理想；等等。

中期目标相对于长期目标更具体。中期目标有如下特点：通常与长期目标保持一致；结合自己所学专业、能力、兴趣和掌握的社会资源来确定；用明确的语言来定量说明；对目标实现的可能性作出评估；有比较明确的时间，且可做适当的调整。

三、短期目标

短期目标通常是指每日、每周、每月、每季、每年的目标，是中期目标和长期目标的具体化、现实化和可操作化，必须清楚、明确。其主要特点有：目标切合实际，具备可操作性；明确规定具体的完成期限；目标有把握实现；要适应环境，服从于中期目标。

对大学生来说，短期目标十分重要，短期目标设定是否合理，决定着中期目标和长期目标是否可以实现。相对而言，短期目标的类型更复杂，依据不同标准有不同分类。

大学时期的短期目标可以按年级来制定，分为一年级目标、二年级目标、三年级目标、四年级目标。

（一）大学一年级——自我认知及对专业初步了解阶段

在大学这一独立人格形成的重要阶段，进行自我认知是学生们最重要的任务。挣脱了高考桎梏的大学生也许目前尚不知道自己今后想要从事什么具体的职业，然而，了解自己的人格特征，找到自己真正的兴趣所在是至关重要的。所以，在适应了大学学习生活之后，首先需要花一些时间尽可能地了解自己的特长、爱好、兴趣和价值观。这些信息将帮助大学生了解感兴趣的专业和职业发展方向，并开始探索丰富多彩的工作世界。因此，大一新生应当有意识地主动进行自我认知，了解所学专业的特点及发展前景。具体要做的工作如下：

（1）发展自己现有的兴趣和能力，并不断发现自己潜在的兴趣和能力，可以参加学生会组织、文体活动、通识教育课堂和课外活动等，抓住校内外提供的一切尝试和锻炼机会。

（2）阅读一些关于不同行业和职业的介绍材料，对行业和职业有基本的认识，比如了解某行业的发展前景如何、各种职业应该具备的基本素质与能力等。

（3）与家人、朋友、老师以及周围所有可提供信息的人（包括网上结识的人，他们大多会很坦诚地跟你谈论自己的工作以及对工作的认识、感受）谈谈自己的职业兴趣。

（4）做一些职业倾向测试，更多地了解自己，确认自己喜欢的职业和所长。

（5）刻苦学习，尽己所能争取取得好成绩，至少保证每门功课都能通过，以顺利地获取毕业证书及学位证书。

（二）大学二年级——生涯扩展阶段

通过大一新鲜的尝试之后，同学们对自身特质有了基础、全面的了解，同时对职业概况和工作世界有了初步的认识，但还要继续深入探索和收集有关生涯发展领域的信息。可以通过暑期实习、社会实践和志愿者活动掌握第一手材料。在这个阶段，需要了解你所感兴趣的职业的有关信息，了解就业市场；与一些在你人生发展领域工作且令你感兴趣的人取得联系，并争取在某一专业工作岗位上度过一天；通过实习实践、兼职和志愿者活动获得工作经历，更多地了解自己的工作偏好，主动参加就业市场和其他相关的生涯发展项目，增加对整个就业领域的了解。在实践和比较全面把握信息的基础上，逐步明确专业和职业发展方向，并作出初步的职业选择。

（三）大学三年级——整理与评估阶段

社会实践和暑期实习会帮助大学生获得一些能力，这时大学生需要对自己的技能进行重新认识和评估，了解在哪些方面还有潜能。在大三这一专业课最为集中的学习阶段，可以进一步明确自己的方向。为明确自身的专业和学术方面的目标，学生应问问自己 “我是谁？”“我到底要什么？”

大学生在这个阶段需要逐步明晰：从大一到现在自身的兴趣是否有变化，对现在的行为有什么影响？毕业后是直接找工作、攻读硕士研究生还是去海外留学？如果选择攻读硕士研究生，是继续学习本科专业还是换专业？是在本校读还是换学校读？如果留学，想去哪个国家？最希望去哪几所学校？需要为此做哪些准备？如果尝试创业，需要评估自身的创业意向和创业项目的可行性、外部资源支持情况。

总之，大学生需要分析自己的选择是否合理，需要通过哪些渠道、具有什么知识结构和层次才能达成。

要研究相关的工作单位和工作环境，寻找自身与这些职业相吻合的能力。开始建立专门的联系渠道，以便能帮助大学生实现求职战略计划。

（四）大学四年级——就业决定阶段

在这一阶段要为自己提前规划和确定生涯目标。面对从学生到职场人身份的转变，应提前准备好求职申请信、简历和成绩单。通过校园招聘会、人才市场和网络招聘等确认自己的就业岗位。

在这一阶段需要思考的主要问题有：

（1）在你希望生活、工作的地区／城市，有哪些职位可能提供给你？

（2）你怎样找到适合自己的岗位？

（3）你已经尝试找了几个职业，哪一个最适合你？

所要做的准备有：通过各种可利用的联系渠道寻找工作机会，并争取被推荐；尝试所有的机会；参加招聘会和用人单位的宣传活动；阅读提供就业岗位的目录，参加各种校园面试；与校友联系，了解他们在工作第一年面对的挑战、困惑和感受体会。

大四也是很多毕业生的就业恐慌时期，找工作让大部分学生感觉很辛苦，可能备受挫折，而且结果不一定尽如人意。在这种情况下，要学会缓解自己的不安、焦虑、自卑等情绪。要明白，通过找工作，我们能不断地发现自己的不足，也会更加了解职场和职业，这些都是帮助我们在未来的职场中取得成功的重要因素。能够主动认识到这些，相当于我们提前进入了职场。

大学四年的规划应该在大一期间完成，然后根据规划安排接下来三四年的学习生活。当然，随着年龄与知识的增长，我们的认识会发生变化，需要不断地对自己的目标进行调整，但总体的规划应该较早完成。

在制定年级目标的同时，同学们还可以细化自己的短期目标，比如制定上学期目标和下学期目标；按假期制定暑假目标、寒假目标等。此外，还可以按内容来制定学习目标、生活目标、社团实践目标、兼职目标、实习目标等。

在本科四年的学习过程中，是否考研是很多同学面临的一个抉择。有些同学可能在获得大学录取通知书时就已经将考研定为大学四年的目标。殊不知，这样的决定是缺乏科学依据的。是否考研，应取决于大学生未来的事业发展目标，取决于将来从事的职业对职场新人的素质能力要求。

第三节　大学生的职业决策

一、职业生涯决策内涵

决策，就是作出决定，指为了达到一定的目标，从两个或两个以上的可行方案中选择一个合理方案的分析判断过程。管理学家西蒙指出，决策是管理的心脏；管理是由一系列决策组成的；管理就是决策。决策对于目标的重要性不言而喻。决策正确与否决定着目标行为的成败。正确的决策能指引人沿着正确的方向、合理的路线前进；错误的决策则会使人走上错误的道路，可能导致目标行为的失败。

实际上，我们每天都要进行很多次决策。早晨醒来，第一个决策是“马上起床”还是“再睡个回笼觉”；起床之后的决策是“去食堂吃早饭”还是“在上课铃响前进入教室”；上课感觉老师讲得没意思时的决策是“努力跟上老师的节奏”还是“自己刷会儿微信、打个盹儿”……

以上决策似乎都不是特别重大。然而，职业生涯规划过程中的决策非常重大，需要大学生慎重决定。事实上，决策是连环发展的过程而非单一事件，整个生涯发展过程都会不断面临生涯决策问题。

职业生涯决策是综合了个人对自我的认识以及对教育与职业等外在因素的判断，面临生涯抉择情境时所做的各种反应，其构成要素包括：决策者个人的目标、可供选择的方案与结果以及对各个结果的评估。决策的过程与结果将受到机会、结构等社会因素以及个人价值观与其他内在因素的影响。

二、职业生涯决策的理论依据

（一）克朗伯兹理论

在过去的一个多世纪里，许多学者都对职业生涯规划的理论与方法做出了贡献。美国社会心理学家克朗伯兹是斯坦福大学教育与心理学博士，全球著名的职业规划大师，美国心理协会和美国科学促进会的研究员。他根据班杜拉社会学习理论，主张个人的人格与行为主要受到独特的学习经验的影响，应当由日常生活事件来解释生涯决策及其过程。他认为，对个人生涯决策具有影响力的因素包括以下四类：

（1）遗传天赋和特殊能力。例如种族、性别、体能外表、人格特质、智能、音乐能力、艺术能力等。

（2）环境条件和事件。例如工作性质和训练机会、社会政策、社会影响、科技发展、劳工法令、社会组织的改变、物理事件（地震、水灾）、家庭特质等。

（3）工具性学习经验（如生涯规划技巧、职业或教育表现等）和联结性学习经验（如观察学习等经验）。

（4）任务取向技巧。例如问题解决技巧、工作习惯、心理状态、情绪反应和认知历程。

克朗伯兹认为，在个人与环境事件的互动中学习得到的新经验、个人的兴趣、价值观与人格特质等均可通过学习经验加以改变与拓展，每个人一生中的独特学习经验会影响个人的职业决策。他将人的生涯决策阶段分为七个步骤：①界定问题，制定明确的目标；②拟订行动计划，规划达成目标的流程；③澄清价值，界定个人的选择标准；④收集资料，找出可能的选择；⑤依据自己的标准，评价各种可能的选择；⑥系统地删除不适合的方案，挑选出最合适的选择；⑦开始执行行动方案。

（二）生涯混沌理论

生涯混沌理论与克朗伯兹理论有着异曲同工之妙。在职业世界不断变化的大背景下，大学生就业所需的适应力越来越受到重视。很多新兴理论把变化和多样性纳入考虑，其中受关注较多、体系比较完善的是生涯混沌理论。生涯混沌理论认为职业世界具有复杂性、变化性、偶然性和非线性等特征，我们作决策的时候应该把这些因素都考虑进来。复杂性是指影响职业发展的因素有很多，并且因素之间存在交互作用，所以整个系统变得非常复杂。变化性指的是影响生涯发展的各个因素一直处在变化中，所以生涯系统也会发生变化，稳定只是相对的。偶然性是指会有一些偶然事件影响整个系统的发展，无法完全预测和控制。非线性是指在复杂的动态系统中，一个因素发生变化可能会影响整个系统的运行方式，即“对初始条件的变化很敏感”。

在生涯混沌理论中作出重要贡献的布赖特·吉姆和普赖尔·罗伯特认为生涯的理论视角可以分为两个重要的方面，一个是收敛视角，一个是发散视角。对于生涯发展中相对稳定和有秩序的方面的考虑，可以看作收敛视角；而对变化的、偶然发生的机会的应对，可以看作发散视角。

基于收敛视角，人们更多地采用以下方法：做详尽的分析；评估结果的最大可能性；使用标准的工具；收集可靠的信息；重视注意事项，提前预防；了解经济和社会的大趋势；作出有根据的推测；小心地权衡证据；作出合理的决策；关注相对少数的变量；假设“无关变量”不会对整个系统产生影响；寻求情况的单一描述；最大化确定性。

当前人们使用较多的匹配思想基本上是收敛视角的，能够帮助我们从纷繁复杂的现象中总结出规律，快速找到努力的方向，其缺点是灵活性不足。因为传统的思路更强调逻辑的和理性的思考，权衡各种选项，做利益最大化的选择。但实际上，我们是不能穷尽所有选项的，也不可能对职业的发展有完全的控制和把握。

以往的大学生生涯规划指导中可能忽视了一些具有重大意义的事项的影响，带来了可能性评估方面的偏差。这些重要事项包括：

（1）过去的经验。如果个体曾经有过发展受挫的经验，很可能在生涯规划方面受到负面影响，但是这种过去的经验并不代表真实世界的客观情况。

（2）社会影响。人往往会受到周围人的影响，很难跟别人完全不同，而且会受到隐蔽的或者明显的刻板印象的影响。

（3）起点偏见。一个学生的期待会随着情境进行调整，比如学生第一次拿到考试分数后，就会把这次的分数作为起点来调整他们以后对成绩的期待。

（4）沟通错误。老师们经常使用一些主观概率的词，比如经常、可能、不太可能等，这些往往是模糊和误解的来源。

（5）方案的复杂性。数学上的运算往往是假设每个因素都是独立的，但人们的思考方式通常是将很多因素聚合在一起考虑，这种增加的复杂性往往被忽略了。

生涯混沌理论强调，需要从单纯关注“概率”到关注“可能性”，即从发散视角更多地关注寻求可能的结果；从自我限制的框架中摆脱出来，鼓励创造性、自发性和开放性；鼓励个人承担责任，作出选择；拒绝让恐惧限制自身的行动，保持积极正向的行动；用乐观和兴奋的眼光看待未来和寻找有启发作用的新知识，同时纳入对情况的复杂描述；意识到并且欢迎不确定性；理性看待工作中不完善的知识，并且意识到它们从来都是如此；保持好奇心，敢于冒险；从失败中学习；追随自己的热情，倾听自己的直觉；等等。

三、职业生涯决策困难分类

虽然已经有较为成熟的理论做指导，但生涯决策过程十分复杂，职业生涯决策困难一直是备受学者关注的问题。

人的一生过得幸福与否，与其对所从事职业的满意度有相当大的关系。然而，选择一个适合自己的职业并非易事，而且人一生中可能会有多次职业改变，面临多次选择，因此很多人都会感到职业决策困难。尤其是在大学时期，在缺乏必要的关于职业或个人职业特征的信息时，在个人的意愿与父母的立场对立时，在个人喜好的职业与社会供给不一致时，在面对多种得失冲突的情况下，大学生往往会面临职业决策困难。

因此，职业生涯决策困难是个人在面对职业生涯决策问题时，由于缺乏自我了解、信心不足、兴趣与能力的冲突等内在阻力，以及职业生涯资料的提供、重要人物的支持不足等外在阻力而产生的决策上的困难。

决策不是结果，而是一个过程，所以职业生涯决策困难表现在整个决策过程中：决策意识的困难、决策开始阶段的困难、决策过程中的困难、计划执行中的困难等。表 3-1 为职业生涯决策困难的分类表，大学生可以由此发现自己的决策困难集中表现在哪个阶段；发现自己决策困难的具体表现后，可以进一步寻找解决这些困难的方法。

表 3-1　职业生涯决策困难的分类表

困难类别	判断条目
职业生涯决策意识的困难	A．未觉察到做决定的需求
	B．不知道做决定的过程
	C．知道要做决定，但逃避承担做决定的责任

续表

困难类别	判断条目
收集信息的困难	A. 不充分、不一致的信息
	B. 过量的信息带来的困惑
	C. 不知道如何收集资料，如在何处收集，如何组织，如何评估等
	D. 因信息与个人的自我概念不一致而不愿意接受信息的有效性
产生、评估、选择替代方案的困难	A. 由于面临多重生涯选项而难以做决定
	B. 由于个人的条件限制，如健康、资源、能力、教育等，而无法产生足够的生涯选项
	C. 由于害怕失败、害怕社会不赞许、害怕承诺或投入行动等焦虑情绪，而无法做决定
	D. 由于人际关系、冲突、情境、资源、健康等因素局限个人的选择
	E. 不知道评估的标准（价值、兴趣、性格、能力、资源、健康、年龄、个人环境等）
计划执行中的困难	A. 不知道形成计划的必要步骤
	B. 不知道在未来的计划中需要完成哪些事情
	C. 不愿意或无能力获得必要的信息以形成计划

四、职业生涯决策影响因素

职业生涯决策常常受到自我因素、专业因素、家庭因素、社会因素、职业因素及资源因素等的影响。下面着重讨论前四个因素。

（一）自我因素

自我因素包括个体的人格类型、职业兴趣、能力及价值观等多种因素。自我认知是人们进行职业决策的基础，对自我越了解，决策时失误就会越少。既要了解自身的优势，也要了解自己的不足；选择和确定自己的职业目标时，应扬长避短，选择与自我特质相匹配的职业。

大学生毕业时都想找一份薪酬高的工作。2018 年 12 月 17 日，某网站发布的调查结果显示：北京、上海、南京的应届大学毕业生的平均期望月薪分别是 12992 元、12070 元及 9771 元；而上海人力资源和社会保障局发布的《上海市 2018 届高校毕业生就业状况报告》中显示，2018 届上海高校毕业生初次就业的平均月薪为 6024 元，仅为毕业生期望值的一半。2019 年 6 月 13 日，58 同城发布的《2019 年高校毕业生就业调查报告》中显示，2019 年应届毕业生的平均期望薪资为 9154 元，而实际的平均月薪仅为 6423

元。2023 年 4 月 27 日，智联招聘发布《2022 大学生就业力调研报告》中显示，2022 届毕业生的平均期望月薪 6295 元，比 2021 年的 6711 元下降约 6%。其中，4000 元以下期望月薪的占比 12.8%，高于 2021 年的 8.9%；6000 元以上期望月薪的占比 44.6%，低于 2021 年的 50.8%。

事实上，大学生首先应该了解某些职业薪酬高的原因。仔细分析，不外乎以下几种：

（1）岗位责任重大、任职资格资历要求高、能够胜任者少。这类职位显然不是为应届毕业生准备的。

（2）岗位工作强度大、投入时间长。比如投资银行的分析师、管理咨询公司的咨询顾问，每周平均工作时间动辄七八十个小时，薪酬策略往往是“雇一个人，干两个人的活儿，付三个人的薪酬”。这类职位对任职者的能力与体力要求都非常高，只有极少数人能够承受这样的压力。

（3）行业风险高。“三年不开张，开张吃三年”，从长远看，收入水平不稳定、职业安全性不高。一些高利润的代理产品的销售人员就属于这种情况。

（4）属于垄断行业。诸如我国的电力、移动通信、石油、石化等行业，因为垄断经营而获得高额利润，员工收入水平普遍偏高。但随着我国市场经济的深入发展，这种企业会越来越少；其员工往往缺乏市场竞争力，一旦企业丧失垄断地位，员工可能面临非常尴尬的境地。20 世纪 90 年代国企改制时大批员工下岗就是类似的情况；近年来，随着高速公路 ETC 系统的普遍应用，大批高速公路收费员下岗也属于同类情况。

因此，选择职业不仅要考虑是否有“钱途”，还要考虑这份工作是否令自己的发展有前途，因为工作的目的不只是挣钱，更不是只顾当下挣钱。有的工作从眼前看起薪很低，但如果这份工作非常符合你的兴趣倾向，你又具备相应的能力，则从长远看对你的发展是十分有利的。所以，选择职业不能只追求眼前利益，更要看长远的发展。

由此可见，关于“好工作”似乎是见仁见智的。

大学生想找到好工作，就必须知道什么才是自己心目中的好工作。好工作的标准因人而异。雇主在招聘时并不是招聘最优秀的人才，而是招聘最适合自己需求的人才。同样地，对于求职者来说，并不是要找社会公认或者他人认为的“最好的工作”，而是要找最适合自己的工作。事实上，工作并没有好坏之分，但对于每个人来讲，工作有适合与不适合之分。与自己个性特质相匹配的、对个人长远发展有利的工作才是适合的工作，适合别人的职业未必适合自己，适合自己的职业才是好工作。

（二）专业因素

大学生进行职业决策时，常常将自己所学的专业作为一个非常重要的因素加以考虑，也就是人们常说的找工作要看是否专业对口。因为几年的学习时间都投入到某个专业领域，不仅积累了专业知识，而且受到了相应的思维训练，如果毕业后能够从事与专业对应的职业，这些知识和训练会对工作非常有帮助。

不过，现实情况是，近年来应届大学毕业生初次就业的专业对口率仅约 60%，有些专业毕业生的专业对口率甚至不足 10%。

现实生活中，有些同学发现自己并不喜欢所学的专业，想调换专业或者在毕业后找一份与所学专业不一致的工作。这并非不可能。不过，一个人选择的职业离所学专业越远，要求自我学习和自我提高的能力越强。

（三）家庭因素

父母的受教育程度、父母的职业、家庭经济收入及父母的价值观等家庭因素与一个人的成长有很大的关系，对一个人职业决策的影响也非常大。同时，家族成员的职业也对个人的职业选择具有一定的影响。

父母及其他有血缘关系的亲属的职业对大学生自身的职业选择可能具有直接的影响。职业兴趣、职业素质能力等个人特质不同程度地受到先天遗传等因素的影响；大学生的职业兴趣、素质能力倾向等很有可能与父母某一方或有血缘关系的近亲相似，因此，个人的职业选择与其父母的职业选择是有关系的。同时，如果父母的事业发展顺利，不仅可以为大学生提供实习、求职的信息，还可以为入职期间及职业发展各阶段给予指导。

（四）社会因素

社会文化环境与经济技术的发展对职业选择的影响很大。

一位大二学生谈道：选择职业时，我只知道自己要什么，却不知道社会需要什么、社会能为我提供什么，我常常很困惑，不知道自己的决定是否正确。大学生应该明确自己读大学的目的何在，不能仅停留于书本理论知识的学习，必须学会如何去运用知识、通过自己所学的知识来解决实际的问题。上大学的目的有很多，其中一个最主要的目的是找到一份自己满意的好工作。那么，什么是自己满意的好工作呢？需要我们花时间去了解社会与职业，否则，我们心目中的好工作将永远停留在空想状态。

然而，大学生获取职业信息存在一些障碍。虽然各种媒体每天都提供职业信息，但这些信息并不一定真实有效。某大学生职业生涯规划论坛上一位在校生发帖说："市场上供求双方信息是不对称的。我们作为工作职位的需求者在没有得到岗位前永远不知道供给方的真实情况。我们不知道单位到底需要有什么才能的人才，不知道其工作环境，甚至不知道它到底是不是在招人。寄出去的简历大多石沉大海。"

现在很多用人单位抱怨大学生不了解职业，职业化程度低。然而，社会上有什么有效的渠道来帮助大学生了解职业呢？哪些职位适合毕业生，哪些职位适合社会人呢？很多学生抱怨找实习机会很难，其中一个重要原因是大型企事业单位提供给在校生的实习机会太少。对于没有职业经验的大学生来说，要了解这些职业信息、识别信息的真实性和有效性确实有一定困难。

此外，人力资源市场供求信息对大学生选择职业也有很重要的影响。由于缺乏有效的信息，大学生很难了解到他所学专业对应的职业群或者他想选择的职业的人才供求关系，很大程度上造成了其决策困难。

最后，人、财、物等各方面的资源因素也对职业决策影响很大。

除了上述因素，国家的政治、经济和社会发展状况，所就读学校的教学状况和地位，社会对职业的评价，以及周围人（包括老师、同学、校友等）对职业的评价等社会因素对大学生选择职业也有很大的影响。

第四节 大学生职业生涯规划方案的制定

一、职业决策的步骤与生涯目标的制定原则

（一）职业决策的步骤

由于个体差异和个人偏好，很难对职业生涯规划建立一个精确的、按部就班的程序。一般来说，职业决策有以下步骤：

（1）认识问题，界定目标。你意识到自己对职业前景的困惑，并决定采取行动来努力解决这一问题。职业决策的首要步骤是界定目标，例如，选择主修专业及辅修专业，选择职业或雇主。

（2）了解自己。你需要做一个非常全面的自我分析。它将帮助你从自

身的性格、兴趣、能力、价值观等各方面了解自己。

（3）了解外部环境及职业。一方面，了解你所处的社会、经济、政治、地理环境，衡量可能影响你的职业选择的环境因素；另一方面，收集、研究你感兴趣的职业的准确信息。

（4）找出可能的职业选择。了解职业，你需要全面地研究可供你选择的职业选项，筛选出可供自己选择的目标。

（5）运用人职匹配、SWOT 分析等方法进行个人与职业的对比分析。一般来说，对候选的三个目标职业进行比较分析，职业特征与个人的特质最匹配的职业就是最适合自己的职业。

（6）做出决定。根据你对自己的特点和职业前景的判断确定一个目标职业。

（7）执行决定。通过求职活动将你的职业决策付诸实施。

（8）获得反馈。评估你的职业决策，如果有太多的负面反馈，那么重复以上步骤。

（二）职业生涯目标的制定原则

制定生涯目标有一个“黄金准则”——SMART 原则。SMART 是 specific、measurable、attainable、realistic、timed 五个英文单词首字母的缩写。

S（specific）即明确的，指用具体的语言清楚地说明要达到的目标。明确的目标几乎是所有成功人士的一致特点。很多人不成功的重要原因之一是目标定得模棱两可。比如，一名学生的目标是找一份管理方面的工作。这里对目标的描述不太明确，因为管理是很笼统的概念。具体说到管理岗位，首先可以分为工商管理和公共管理，前者主要的雇主是企业，后者则是国家机关。工商管理又分为很多职能，如战略管理、销售管理、市场管理、财务管理、物流管理、人力资源管理、生产管理、信息管理等。人力资源管理具体又包括招聘管理、绩效管理、薪酬管理、培训管理等。如果本科学的是人力资源管理或工商管理专业，希望进入企业工作，又对人力资源管理比较感兴趣，那么招聘专员就是一个非常明确的目标。

M（measurable）即可衡量的，指目标应该是明确的，而不是模糊的，应该有一组明确的数据，作为衡量是否达到目标的依据。如果制定的目标无法衡量，就无法判断这个目标是否实现。比如，领导有一天问“这个目标离实现大概有多远”，团队成员回答“我们早实现了”，这就是领导和下属对团队目标认识上的一种分歧。原因就在于没有给出一个定量的、可以衡量的分析数据。再如“提高自己的写作能力”，怎样才算提高呢？坚持每天看书，每周写两篇公众号推文，本学期公开发表三篇文章，这样的目标就是可以衡量的。但并不是所有的目标都可以衡量，有时也会有例外，比如大方向性质的目标是难以衡量的。

A（attainable）即可实现的，指要考虑是否具备帮助自己实现目标的外界条件。有的大学生设定了大学毕业后月收入达到6000元的目标，但他低估了达到目标所需的条件，这些条件包括基本素质、知识、能力、经验条件、外语条件等，到毕业时，他才发现没有人愿意每月花 6000 元雇自己。设定目标时，大学生需要考虑自身的实际情况，确定通过努力可以实现的目标，避免设立过高或过低的目标。

R（realistic）即实际的，指在现实条件下是否可行、可操作。一位大四学生开了一家餐厅，他准备确定一个目标——本月早餐时段的销售额在上月的基础上提升 50%，即增加 5000 元。如果周边地区的人流量没有显著增加，而店里的设施及提供的餐食也无显著改善，这就是个不切实际的目标。订立目标一定要考虑可操作性，根据自己的实际条件和掌握的资源来确定，不要好高骛远。

T（timed）即有时限的，指订立目标必须有时间的限制。例如，2018 级某学生计划在 2021 年 12 月 31 日之前参加 5 场校园招聘会，当面递交 20 份简历，2021 年 12 月 31 日就是一个确定的时间限制。没有时间限制，很可能让目标无法实现。一些在校学生缺乏时间概念，上课经常迟到，不按时交作业，养成了不良习惯；总觉得自己很忙，却没有压力和紧迫感，今天的事情推明天，明天的事情推后天，结果一事无成。所以，订立目标一定要有时间限制，一定要形成良好的习惯，做到日事日毕。

二、个体职业发展资源分析

制定职业生涯规划首先要对个体职业发展资源进行分析。下面介绍一种简单易行的分析方法。

个体的职业发展资源分为素质和外部资源两大类。其中，素质可以分为流体素质与晶体素质。流体素质与生理遗传或早年经验有关，难以改变，如一个人的智力、外貌、性格、气质、职业兴趣、价值观等。在进行职业生涯规划时，所选职业最好与自己具备的流体素质匹配。晶体素质则与后天教育、培训有关，可以在短期内改变和提高，如专业知识的掌握程度、沟通能力、求职技巧等。确定了职业目标后，我们可以有针对性地提升自己的晶体素质。

外部资源是个体职业发展资源的另一个重要组成部分，主要包括个人的经济条件、家庭背景、社会关系等。对于经济尚未独立的在校大学生而言，个人的经济条件几乎不必考虑。

家庭背景由家庭的经济资源和家庭的人脉资源组成。现在，越来越多的大学生已经意识到求职过程中人脉关系的重要性，可是很多同学理解的人脉关系指的是家庭的人脉关系，即通过父母及其他亲属所建立的人脉关系；经济资源对大学生而言主要是指家庭的经济条件。

不论是选择读研、留学还是创业，几乎都需要家庭经济方面的支持。有些本来想读研或留学的同学，因为家里经济条件欠佳，不得不放弃原定目标而选择就业，这是非常理性的选择，同学们不应该因此抱怨自己的父母。父母生养了我们，但是没有义务为我们未来的职业发展提供全部的物质条件和社会支持，同学们应该根据自己的家庭背景和经济条件来选择职业、安排生活。网上流传很广的帖子《我奋斗了 18 年，不是为了和你坐在一起喝咖啡》的作者，就对这个问题有非常理性的认识。

事实上，抱怨自己无法改变的事实是没有意义的。一个人要在社会上立足，非常重要的是建立自己的社会关系——人脉关系。很多名人出身于贫寒家庭，但经过多年的奋斗成为人脉关系极广的成功人士。

千万不要质疑：“我一个一文不名的大学生，能认识的只有老师和同学，这些能成为我的人脉吗?”事实上，世界上任意两个素不相识的人，通过一定的方式都可能产生必然联系或关系；所有互不相识的人只需要很少的中间人就能建立起联系。1967 年哈佛大学的心理学教授斯坦利・米尔格拉姆根据这个概念做过一次连锁信件实验，结论是：世界上任意两个人之间要建立联系，最多只需要六个人。这就是六度分隔理论，后来被称为六度空间理论。显然，由于联系方式和联系能力不同，实现个人期望的机遇将产生明显的差异。

进入大学后，大学生有很多机会去建立自己的人脉资源，即通过自己建立起人脉关系，包括师生关系、同学关系、校友关系、朋友关系、师徒关系（实习单位），乃至家教中与家长的关系等。比如，一名新生如果有建立人脉关系的意识，首先可以与辅导员及任课老师建立良好的关系，请他们在个人成长及专业能力提升方面帮助自己；同时，他可以向高年级的同学请教有效学习或参加社团、兼职实习的经验，尤其是与一些成绩好、能力强的同学保持密切的联系。这样下来，在大三申请暑期实习及大四毕业找工作时，很容易了解这些朋友所在单位的真实情况，甚至由此获得实习或工作的机会。

大学是人生的关键阶段。在这个阶段，所有大学生都应当认真把握每一个“第一次”，让它们成为未来人生道路的基石。在这个阶段，所有大学生也要珍惜每一个“最后一次”，不要让自己在不远的将来追悔莫及。在大学阶段，大家应该努力为自己编织生活梦想，明确奋斗方向，为事业奠定基础。

事实上，很多大学生在作决策时并没有好好考虑自己所掌握的经济资源、人脉资源。有些学生不顾家里的反对，执意考研；有些工薪阶层的子女为了实现自己的出国梦想，让父母把房子卖掉为自己提供学费和生活费，留学回来后却成了“海待”；有些大学生为了实现自己做老板的梦想，在经济条件不成熟的情况下，匆忙选择创业，结果创业失败。这些令人遗憾的结果都是对个体职业发展资源认识、分析不足造成的。因此，大学生在选择职业时需要考虑所掌握的人脉资源和经济资源，作出理性选择。

在进行个体职业发展资源分析时，还有非常重要的一点是，要对素质—资源的互偿模式有所认识。这里既包括内在素质间的互偿——比如“勤能补拙”，即后天努力对智商不足的弥补，又包括外在资源间的互偿——“穷人的孩子早当家”，即自主建立的社会关系对家庭经济条件、背景不足的弥补。素质—资源间的互偿十分重要。不少学生认为家里经济条件有限，无法实现自己的留学或创业梦想。事实上，每年都有一些成绩优异的学生获得全额奖学金去国外留学，还有一些学生通过参加创业大赛等获得创业基金的支持，实现了创业梦想。也有不少学生认为家里没有“关系”，难找工作，事实上，许多学生是通过校友、老师提供的信息获得面试机会，找到了满意的工作。

三、确定生涯目标的定向与定位法

由于缺乏工作经验，在校大学生要想有一个非常明确的目标职业显然不太现实。那么应该怎样确定自己的职业目标呢？这里介绍一种先定向再定位的职业目标确定方法。

先定向，就是根据现在所学的专业及兴趣倾向确定自己未来的职业方向。你需要回答一个简单的问题：你对自己的专业感兴趣吗？你毕业后会选择专业对口的单位就业吗？如果你的回答是肯定的，就可以基本确定你的职业方向了。比如说，你的专业是计算机科学，自己很喜欢编程，你就需要了解计算机专业对口的职业有哪些。在进行职业探索时，你会发现计算机专业对应的职业非常多：软件开发工程师、网络工程师、网络管理员、系统维护员、网站开发工程师，等等。你可以在学习期间了解这些职业的任职要求，提前考取一些专业证书，参加老师的课题以获取实践经验，到大四时求职就会比较顺利。如果你的答案是否定的，就必须找到自己感兴趣的专业。你可以通过转专业或辅修、选修专业课程及跨专业考研来调整和确定自己的职业方向。比如，一位化学专业的同学对本专业没有什么兴趣，而对工商管理感兴趣，于是在大二选修了工商管理的主要课程，在大三决定报考管理专业硕士研究生。

一旦确定职业方向，接下来就可以考虑职业定位问题了，你需要对已确定方向的职业进行更深入的探索。定向时需要尽可能地扩大自己的职业选择面，定位时则需要逐步缩小职业的选择范围。相对于定向而言，定位的选择也不容易，因为定位不仅需要了解职业的基本要求，而且需要通过提前参加招聘会、兼职和实习等方式进行社会实践和工作体验，感受有意向的职业是否适合自己，是否与个人的主观想象一致。

在定位的过程中，还需要注意一个重要的问题：定位的目标不宜过于具体，应该有一个选择范围。比如你从小就想成为一名检察官，学的是法律专业，并且争取到了去检察院实习的机会，你发现做检察官非常适合自己。可是，如果检察官这一职业在社会上趋于饱和，求职竞争非常激烈，你若只锁定这一个目标，一旦报考公务员失败，将给你的择业带来很大的风险。所以，定位的职业不宜仅限于个别职业，可以有几个职业供自己选择。要关注岗位的实际内涵与自身特质的匹配，而非岗位名称本身。

大学生在定向和定位的过程中，不能完全依据个人的兴趣进行职业决策，还必须考虑自身的其他特质、职业状况、人才供求关系、家庭因素、所掌握的资源等相关因素。先定向再定位的决策方法，是指在大一、大二开始定向，在大三、大四定位。即使在对职业进行探索后仍然不能定位，也必须定向，因为如果没有方向，你就不明确在大学期间应如何努力和准备。

先定向再定位的方法，不仅解决了大学生综合素质和能力的培养问题，而且解决了专业技能和素质的准备问题，是一种行之有效的大学生职业生涯发展和规划的方法。

四、SWOT 分析法

SWOT 分析是战略管理、市场营销管理等工作中经常使用的分析工具，也是职业决策中一个非常有用的工具。这里，S 代表优势（strength），W 代表劣势（weakness），O 代表机会（opportunity），T 代表威胁（threat）。其中，S、W 是内部因素，O、T 是外部因素。

一般来说，在进行 SWOT 分析时应遵循以下四个步骤。

（一）评估自己的优势和劣势

每个人都有自己独特的性格、兴趣、价值观和能力。有些人不喜欢整天坐在办公桌前写文件，有些人则一想到不得不与陌生人打交道就惴惴不安。在当今社会分工非常细的市场经济环境下，多数人都只擅长某些领域，不可能样样精通。请填写表 3-2，列出你喜欢做的事情和你的优势。

表 3-2 个体职业决策的 SWOT 分析表

优势	劣势
机会	威胁

通过列表，你可以找出自己不是很喜欢做的事情及自己的劣势。找出你的劣势与发现你的优势同等重要，因为你可以基于自己的长处和短处做两种选择：一是尽量避免你常犯的错误，提高你的技能；二是放弃那些对你不擅长的技能要求很高的职业。列出你认为自己所具备的很重要的强项和对你的职业选择产生影响的劣势，然后标出那些你认为对自己而言很重要的优劣势。

（二）找出自己的职业机会和威胁

不同的行业（包括这些行业里不同的公司）都面临不同的外部机会和威胁，所以，找出这些外部因素将帮助你成功地找到一份适合自己的工作，因为这些机会和威胁会影响你的第一份工作和今后的职业发展。如果一个公司处于经常受到外部不利因素影响的行业，那么这个公司所能提供的职业机会必然很少，相应地，职业升迁的机会也少。相反，充满积极的外部因素的行业将为求职者提供广阔的职业前景。请列出你感兴趣的一两个行业，然后认真地评估这些行业所面临的机会和威胁。

（三）列出今后五年内的职业目标

仔细地对自己做一个 SWOT 分析评估，列出你大学毕业后五年内最想实现的三个职业目标。这些目标可以包括：你想从事哪一种职业，或者你希望自己拿到的薪酬属于何种水平。请时刻记住：你必须竭尽所能地发挥自己的优势，使之与行业提供的工作机会完美匹配。

（四）提纲式地列出一份今后五年的职业行动计划

这一步主要涉及一些具体的内容。请你列出一份实现上述每一个目标的行动计划，并且详细地说明为了实现每一个目标，你要做的每一件事，以及何时完成这些事。如果你觉得需要一些外界帮助，请说明你需要何种帮助和你如何获取这种帮助。举个例子，你的 SWOT 分析可能表明，为了实现理想中的职业目标，你需要进修更多的管理课程，那么，你的职业行动计划应说明你何时进修这些课程。你拟订的详尽的行动计划将帮助你作决策。诚然，做此类个人 SWOT 分析会占用你的时间，而且需要你认真地对待，不过完成详尽的个人 SWOT 分析是值得的，因为在做完分析之后，你将有一个连贯的、切实可行的个人生涯策略可供参考。在当今竞争白热化的市场经济社会里，拥有一份挑战和乐趣并存、薪酬丰厚的职业是每个人的梦想，但并不是每个人都能实现这一梦想。因此，为了使你的求职和个人职业发展更具竞争力，请花一些时间界定你的个人优势和劣势，然后制订一份策略性的行动计划，务必保证有效地完成，那么你的职业成功必将指日可待。

五、平衡单法

平衡单法经常被用于问题解决模式和职业咨询中，以协助咨询者系统地分析每一个可能选项，判断分别执行各选项的利弊得失，然后依据其在利弊得失上的加权计分排定各个选项的优先顺序，以执行最优先或偏好的选项。职业咨询中实施平衡单法的主要步骤如下：

（1）列出可能的职业选项。咨询者首先需在平衡单中列出有待深入测量的 3～5 个潜在职业选项。

（2）判断各个职业选项的利弊得失。如表 3-3 所示，平衡单中提供需要咨询者思考的重要得失，集中于以下四个方面：自我物质方面的得失、他人物质方面的得失、自我赞许（精神方面）的得失、他人赞许（精神方面）的得失。咨询者可依据重要的得失，逐一检视各个职业选项，并以 11 点量表（+5，+4，+3，+2，+1，0，−1，−2，−3，−4，−5）来衡量各个职业选项。

表 3-3　平衡单中的得失

考虑因素	具体内容
自我物质方面的得失	A. 经济收入 B. 工作的困难度 C. 对工作的感兴趣程度 D. 选择工作任务的自由度 E. 升迁机会 F. 工作的稳定、安全程度 G. 从事个人兴趣爱好的时间（休闲时间） H. 其他（如社会生活的限制或机会、对婚姻状况的要求、工作上接触的人群类型等）
他人物质方面的得失	A. 家庭经济收入 B. 家庭社会地位 C. 与家人相处的时间 D. 家庭的环境类型 E. 参与公益组织活动 F. 其他（如家庭可享有的福利）
自我赞许（精神方面）的得失	A. 因为为社会做贡献而获得自我肯定 B. 工作任务合乎伦理道德的程度 C. 工作涉及自我安全的程度 D. 工作的创意发挥和原创性 E. 工作能提供符合个人道德标准的生活方式的程度 F. 达成长远生活目标的机会 G. 其他（如乐于工作的可能性）
他人赞许（精神方面）的得失	A. 父母 B. 朋友 C. 配偶 D. 同事 E. 社区邻里 F. 其他（如社会、政治或宗教团体）

（3）各项考虑因素的加权计分。对于各个方面的利弊得失，咨询者会因身处不同情境而有不同的考量。因此，在详细列出各项考虑因素之后，须再进行加权计分，即对个人而言，重要的考虑因素可乘 1～5 来计算分数。

（4）计算出各个职业选项的得分。咨询者须逐一计算各个职业选项的“得”（正分）与“失”（负分）的加权计分与累加结果，并计算各个生涯选项的总分。

（5）排定各个职业选项的优先顺序。依据各职业选项的总分高低排定优先次序，职业选项的优先次序即可作为咨询者职业生涯决策的依据。

平衡单法是帮助我们决策的工具。不过，需要提醒的是，表中各项指标的打分是主观的。各项指标的分值实际上取决于个体的价值观。

总之，进行职业生涯决策有很多操作性强的方法。如果能够本着积极的态度、遵循一定的原则，按照职业生涯规划专家的建议，分析个体职业生涯发展的素质与资源，制定符合自身个性特征和专业特点的职业目标，将对大学生未来的职业发展有非常大的帮助。

第四章　大学生就业准备与求职技巧

第一节　大学生就业前的求职准备

大学生在求职过程中，最初被用人单位看到的就是推荐材料，其如同大学生就业的敲门砖，只有准备的推荐材料足够吸引人，使用人单位产生兴趣，才能够进入面试阶段及有机会参加最终的录用抉择。

大学生就业前的求职准备材料最主要的内容有三项，分别是推荐材料的封面、自荐信或推荐信的准备、个人简历。

一、推荐材料的封面

个体的推荐材料，尤其是纸质版的推荐材料，需要用简洁明快的封面对其进行简易的包装，一方面是对求职的重视，另一方面是对用人单位的尊重。

通常情况下，推荐材料的封面风格要秉承标题明确、简洁明快、图案点缀的特点，可在封面上注明标题“自荐书”，并按恰当的排版顺序写明姓名、院校、专业、联系方式等。当然可以运用一些小技巧提升封面的引人效果，但不宜过度，同时也需要针对职业方向进行抉择和匹配。

二、自荐信或推荐信的准备

推荐信通常有两类，一类是自荐信；另一类是他人推荐信。自荐信通常由个体自己来制作和书写，而他人推荐信的种类较多，如学校就业指导服务中心统一制作的就业推荐表、个体参与校内或校外实践活动后得到的推荐信等。

（一）自荐信

自荐信，通俗而言就是求职者写给用人单位的信，目的是通过自荐信来帮助对方快速对求职者有所了解，从而产生较好的最初印象，为后续的面试和继续沟通打基础。

自荐信需要用精练的语言展示自己，态度诚恳，谦虚，大方得体。自荐信最大的作用就是建立个体与用人单位的沟通桥梁，通过书面的沟通使用人单位认识和了解自己，并以此为跳板，达成相互之间的现实沟通和交流。毕竟简单的书面介绍无法全面展现自身，只有通过现实的交流、个体才能有机会全面地展示自身的能力、才干、特长、技能等优势，最终得到录用的机会。

自荐信最主要的内容是表现自我以得到用人单位的关注和兴趣，从而进入面试阶段及最终的双向选择。要实现这一步，自荐信的内容就需要扬长避短，充分突出个体的自我优势，如对自身的性格优点、特长、掌握的技能进行恰当描述，从而在众多求职者中崭露头角。

个体撰写自荐信时，需要注意两个重要事项，一个是注意自荐信的格式；另一个是注意自荐信的内容及特征。

1．自荐信的格式

自荐信的格式和一般的书信相同，分为四个主要部分：标题、称呼、正文、落款。

其中，标题要写“自荐书”，字体简洁优雅、大方得体，放置于醒目位置，通常是自荐信首页页眉下首行并居中。“称呼”指的是个体对自荐信推送方的呼语。若联系的用人单位极为明确，可直接用“尊敬的某某单位领导”，这里需要注意单位名称要确保正确；若用人单位并不明确，可用“尊敬的贵企业领导”，不需要冠以哪层领导职务，也不需要写明单位名称，采用敬语即可。“正文”则是自荐信的主要表现内容，需要在开篇向用人单位看此自荐信的人进行问候，之后直接切入正题，通过自我简介、自荐目的、素质展示、态度决心、结语五个部分来完善内容。其中自我简介只需要将个体姓名、毕业院校、毕业专业等标明即可；自荐目的则需要表达对用人单位的认识和热爱，尤其是对对应职业方向的认识和热爱，若联系的单位明确，则需在投递自荐书之前对其进行了解，越详细越好，并阐述自身对该单位最感兴趣之处；素质展示需针对期望应聘的岗位及其要求，阐明自身的才能和特长，包括个体的基本学习表现、政治表现、实践经历和表现，以及个体的特殊之处，包括特长、最大优势等，但不宜过多；态度决心是表达渴求和强烈期望的内容，语气需自然恳切、不卑不亢、言简意赅；最后的结语则是以书信格式写贺语或敬候佳音等。“落款”需要在自荐信右下角位置写明自荐人和时间，署名处最好亲自手写签名来表示郑重，最后可注明个体的联系方式等基础信息。

虽然自荐信以手写最佳，但受到手写书法水平和字迹情况的限制，多数会运用打印件，通常以一页纸的内容量为最佳。

2. 自荐信的内容及特征

自荐信的内容需要注意的关键点包括以下几项：篇幅要尽量简短，内容要重点突出，注意避免语言过分客套却无实际内容；文中的称呼（涉及名称）须完整正规，避免简称；内容需要突出个体的个性，尤其需要注意的是面对不同的招聘单位和不同的职位，内容的侧重点要有所差别，需要有一定的针对性，避免千篇一律。例如，对技术要求较高的职业，自荐信要突出自身的技能和实践经历；对细节要求较高的职业，自荐信要突出自身的严谨；对管理要求较高的职业，自荐信要突出自身的大局观和应变能力等。自荐信的内容还需要遵循实事求是的原则，尤其是陈述自身情况时要避免语气过分谦虚或自大。适度谦虚能够令人产生好感，但过分谦虚会给人缺乏自信之感；而语气自大浮夸，则容易被识破且给人无真才实学之感。所以内容一定要客观真实，且需要针对不同企业情况适度调整阐述模式。例如，向外资企业投递，自荐信的内容要充满自信，将能力等充分展示；而向国企投递，自荐信的内容要适当内敛。

通常自荐信需要打印出来，所以要做到文本工整美观，且排版和格式要清晰规整，语句要通俗易懂，避免堆砌辞藻，另外打印之前需要仔细检查，避免内容有歧义、重点不突出、有错别字、表述疏漏不清等，务必做到语句流畅通顺。

需要注意的是，自荐信中应避免谈论薪酬待遇，因为通常投递推荐材料时，单位会有相关职业的待遇说明，或者会言明待遇面议，而自荐信是对个体自身的推荐，最好不涉及待遇问题。

（二）他人推荐信

他人推荐信通常会和自荐信一起放置于个人简历之前，自荐信是个体的自我推荐，他人推荐信则是其他人为了推荐个体到某职位或参与某工作而写的信件。

如今较常用的是高校为了推荐大学毕业生就业所统一印制的信件，即高校的就业推荐表。其内容包括个体的基本信息，如姓名、民族、性别、出生年月、政治面貌等，以及推荐方的基本信息和意见，如学校、专业、学历、在校表现、院系推荐意见、就业指导服务中心意见等。

在填写就业推荐表时需要注意以下几项内容。首先，避免涂改。通常就业推荐表具有代表高校的作用，推荐表上会加盖高校公章，因此填表时要认真确认信息，避免涂改，尤其是与校方意见和个人成绩单相关的内容，若有涂改痕迹会造成极大误解。其次，个体可以在推荐表的备注部分填上自身的突出优势、重要成就、重要作品、突出表现等，以提高个体的竞争力。最后，就业推荐表对个体而言具有唯一可信性，因此就业推荐表一定要妥善保管，因其原件不可仿制，所以个体可以在求职过程中使用推荐表的复印件，只有和用人单位签订合同时，才需要提交推荐表原件。若因某种原因与用人单位解除了合同，需要及时将就业推荐表原件索回，以便再次自我推荐，与其他单位签约。

三、个人简历

个人简历是个体在就业过程中非常重要的一份自我推荐内容，通常需要个体对自身的学习经历、工作经历、知识能力、兴趣特长等进行简明扼要地介绍。可以说，所有推荐材料之中，个人简历是最为重要的一项内容，类似一个产品的广告和说明书，既需要将个体与他人区分开，又需要将自身的最大价值和最大优势展示出来，以供参与竞争获取职业机会。

通常情况下，一份优秀的个人简历会成为求职就业路上非常有力的助推器，帮助个体获得面试机会和就业机会。

（一）个人简历的作用和类型

如今处于网络化时代，无论是个体投递推荐材料，还是用人单位寻找可用人才，通常都是通过网络进行初步筛选。在这样的背景下，一份优秀的个人简历就成了个体获得更多面试机会的重要参考。

1. 个人简历的重要作用

通常情况下，招聘者会通过个人简历中以下内容进行初步筛选和考量，这也是个人简历最重要的作用。

（1）个人简历需要清晰明了地阐述个体能力，这也是招聘者初筛人才的基本参考。这里所说的个体能力，包括个体受教育的程度、相关工作经历、取得过何种成绩、获得过何种荣誉、拥有哪些资格或证书等，通常招聘者会依据个人简历中的这些相关内容，来判断求职者的基本素质和基本能力。所以说，个人简历中最好能够列举出与渴望的职业方向相关的具体经历和事实，令招聘者了解到求职者能够胜任哪些职业及岗位的工作。

（2）个人简历的内容要体现出求职者的职业诚信，包括求职者在岗位上的工作稳定性、工作内容和经历的真实性等，如果个人简历中出现频繁跳槽的经历却没有合理的理由，或者工作内容和经历等有明显的隐瞒和欺骗，就会令招聘者怀疑个体的职业诚信，从而影响求职和就业。

（3）招聘者通常能够通过个人简历的表述和状态，对个体的逻辑性、层次性、表述准确性、写作能力等思维性特征有所了解和推论，因此求职者需要精心制作个人简历，将自身思维特性中的优势部分尽可能地展示，以提高自身的竞争力和吸引力。

2．个人简历的主要类型

个人简历按照其格式可以分为多种，其中常见的就是文章式简历和表格式简历。

文章式简历主要是以文字来描述个体的经历，包括个体的教育情况、家庭状况、基本信息等，以及做过哪些工作、取得过哪些成绩、获得过哪些奖励、拥有哪些荣誉和证书等。文章式简历属于传统的简历写法，不仅可以考量个体的文字表述能力，而且可以清晰地体现个体的逻辑思维和个体的实践经历，可以表现其在实践过程中遭遇的问题和解决问题采用的方法等，甚至能够推论出个体是否具备反思、分析、吸取经验的能力和勇于承担问题的责任心等。

表格式简历是一种以表格形式分层次、分栏目介绍个体具体情况的简历，因为表格本身具备一定的层次性和栏目，所以显得更加简练且逻辑清晰。需要注意的是，表格式简历不宜选用过分花哨的模板，能够突出个体的信息特征和优势即可。对于一些拥有特定要求的职业方向，更需要花费精力和时间有针对性地制作简历，以便充分将个体的特征展现出来。如设计类职业需要个体展现设计水平和审美能力等。

除这两种简历外，还有年代式简历、提要式简历、图册式简历、功能式简历、独创式简历等。年代式简历就是以个体经历的时间为主线来描述，突出的是时间节点；提要式简历则是运用经历提要来做引语，描述不同经历，通常有较多项目经历的个体可采用这种格式；图册式简历则是运用图表穿插等形式对个体经历进行描述，更显精美和设计感，通常有绘画类、设计类相关经历的个体，期望向相关设计职业投递简历时可采用此格式；功能式简历则是以个体的能力、特长为主要描述对象来制作的简历；独创式简历则要求拥有创造性和创新性，不拘一格，通常向创造性行业投递简历时采用此格式制作简历。

按照个人简历的载体划分，可以分为纸质简历和电子简历两类。纸质简历就是通过打印或精心制作的纸版简历；电子简历则主要存在于互联网中，以方便调取查看和投递。两种状态的简历可以有一定差别，但需要注意的是，通常电子简历最主要的功能是在网络投递，而进入面试阶段后，还需要携带纸质简历前往面试场所。

（二）个人简历的制作

个人简历的制作，需要先确定简历的格式，在此格式的基础上填充内容，同时要注意遵循相应的原则。另外，现如今简历的投递多数采用了网络投递的形式，因此除了制作纸质的个人简历外，还需要制作电子简历，在制作过程中要注意一些具体的事项。

1. 个人简历的基本内容

制作个人简历时，格式可以根据个体期望投递的职业方向进行恰当的选择，不同的格式突出的内容也有所不同，但所有个人简历均需包含以下基本内容。

（1）个体的基本信息。包括求职者的姓名、性别、籍贯、出生日期、通信地址、联系电话、电子邮箱、微信或QQ等基本情况。

（2）个体的教育背景。包括求职者的教育经历，就读学校名称，取得的学位、学历，相关院系和专业，在校期间的学习情况和培训情况，参与的社会教育和培训，专业获奖情况或专业活动荣誉等。通常不需要罗列中小学的教育情况。

（3）个体的求职意向。即表明个体期望应聘的职业、岗位，甚至可以根据相关企业发布的招聘岗位信息填写，可具体到详细岗位。

（4）个体的知识能力。通常需要阐明个体的通用知识和技能，包括计算机应用能力、外语能力、等级证书等；个体的专业知识和技能，包括专业课程和掌握情况、专业应用性操作能力等；个体的特长和爱好等情况，包括通过特长、技能和爱好获取的荣誉和成绩，最好与期望应聘的职业和岗位需求相关。

（5）个体的工作经历。作为大学生，工作经历主要需要说明在学校和社会实践工作之中的经历及获奖情况。例如，在校期间担任过学生干部的情况和取得的成绩，参与过的高校学生活动及经历，社会工作实践中的经历和成绩，专业实习情况和获取的荣誉或成绩等。

（6）非必备的内容。如个体的自我评价，即用极为精练的语句来概括自身的习惯、性格、品行、优势等，需要客观且真实，以提供给招聘者更多的参考内容。

2．制作个人简历的原则

个人简历是对个体提供给招聘单位的一份简要介绍，其内容需要遵循以下几条原则。

（1）短小精悍原则，即简明扼要地介绍自身情况，通常控制在一页 A4 纸之内，若经历较多，尽量控制在两页以内。

（2）重点突出原则。即所有内容都需要紧紧围绕求职的意向进行组织和概括，尽量突出阐述能够胜任该职业岗位的能力。

（3）信息集中原则。即个体的经历、知识、技能、资质等信息要简洁清晰，多阐述与职位匹配的信息，避免信息驳杂而无主题。

（4）扬长避短原则。即内容要尽可能表达对自身有积极作用的信息，避免出现不利信息，展示自身最独特的个性。

（5）实事求是原则。即所有阐述的内容都应真实可靠，避免无中生有。

（6）适度包装原则。即将个人简历看作推销自身的广告介绍，各方面都可融入自身创意，但必须简明透彻，避免浮夸和过分华丽。

3．电子简历的制作

电子简历是个人简历的电子版，可以和纸质简历相似，也可以单独制作。其内容主要包括个人资料、教育背景、工作经历和经验、其他方面介绍等四个部分。

制作电子简历时需要做到以下几点：首先是内容直达主题，即将想传达的信息直截了当地表达出来，要避免语言过分婉转拖拉；其次是内容要突出重点、避免啰嗦，自身专长、资历、成就、求职意向等简明扼要说明即可，切勿冗长，否则容易遮盖重要信息；再次是内容要简单易懂且短促有力，不要运用模糊、笼统、过分专业的词汇及术语，语言宜用短句，直截了当且明晰；最后是包装适宜，电子简历能够充分发挥电脑和软件的装饰功能，因此要注意进行适宜的包装，即以醒目、吸引力强、更具阅读性和通俗性为包装目标。

在通过电子邮件投递电子简历时，需要注意将简历直接拷贝到信息框，避免以附件的形式发送，减少招聘方的工作量，也会令简历更加直白透明。

第二节　大学生就业信息的搜集、分析及择业技巧

大学生真正参与就业竞争的第一步，就是对就业信息进行搜集、分析和处理，恰当地运用择业技巧来寻找和抓住就业信息中的关键信息并加以利用，以便完成求职意向和推荐材料的投递。

一、大学生就业信息的搜集及分析

就业信息的搜集主要有两个渠道：一个是常规的求职和就业信息搜集渠道；另一个则是非常规的求职和就业信息搜集渠道。

（一）常规的求职和就业信息搜集渠道

一般情况下，可以通过招聘网站、广播电视、报纸杂志等常见的方式了解就业岗位和职业需求。但是在互联网时代，各种信息与就业信息混杂，大学生要通过正确正规的途径求职，比较常见的求职渠道包括以下几种。

1．大众媒介

大众媒介主要包括正规就业网站、报纸杂志、广播电视、新媒体等。通常大众媒介上发布的就业信息较为全面，包括具体的招聘单位及信息、某职业方向的人才需求状况、某产业或行业的发展趋势等，也是现如今最方便的就业信息搜集渠道和求职渠道。但对于大学生而言，大众媒介的信息较为庞杂且多样，因此需要耗费精力进行可靠性的考察和检验，以避免被虚假广告误导，预防上当受骗。

2．政府部门及高校就业指导机构

通常情况下，各地方的人力资源和社会保障局会在每年大学生毕业前发布相关的就业决定、决议、规定、意见等，大学生可以从中了解就业形势和就业制度等指导性信息，其对大学生具有思想上和方向上的指引作用。

高校就业指导机构通常也会在大学生毕业前发布一些就业指导信息和招聘信息，其中以就业指导信息为主，招聘信息较少，大学生求职过程中可以收集对应的信息，以了解最新就业形势。

3．各类人才市场、招聘会的就业信息

大学生涉及的人才市场和招聘会主要有三大类，分别是校内人才市场和定向招聘会、校外人才市场和人才交流会、中介服务人才市场和介绍会。

校内人才市场和定向招聘会是集中在高校校园的一种大型招聘会，通常计划性强，且计划招聘新人的数量和专业都与进入校园的企业的整体人才规划及人才发展战略息息相关。正因为有计划和规划，所以进入校内招聘的企业多数是大中型企业，会在高校较为知名和热门的专业中挑选综合素质较高的大学生。虽然这种招聘会对大学生而言更加方便，但也暴露了一定的问题，即招聘到的人才职业化水平并不成熟，因此流失率较高，同时这些人才在进入企业之后还需要进行系统化培训，最终经过筛选才能得到所需的人才。

校外人才市场和人才交流会属于较为传统的招聘会，一般由当地政府及多个单位联合组织举办，最大的特点是覆盖范围较广、招聘单位较多、涉及职业和专业齐全。此类招聘会也被称为现场招聘会，大学生可以直接到招聘现场对企业实力、就业形势、职业方向等信息进行搜集和了解，同时也能够和企业人力资源顾问面对面交流，一方面提高面试实践技巧和能力，另一方面也能够直观地了解企业的招聘风采。通常现场招聘会具有一定时效性，因此效率较高，有助于求职者和招聘者的快速选择。

对于大学生而言，现场招聘会益处较多，即使无法找到相对满意的职业，也可以多多参与。一方面能够了解社会就业形势、熟悉企业情况、了解招聘和应聘流程；另一方面能够锤炼自身的交流沟通技能和面试技巧。

中介服务人才市场和介绍会指的是经过高校当地政府人事部门或有关部门批准后，以中介服务机构组织的形式进驻高校或集中区域召开的职业介绍会，其最主要的业务是搜集和整理人才供需信息，同时也会展开对应的职业介绍业务。

4．社会关系推荐或介绍

大学生的社会关系主要包括亲戚、朋友、同学、老师、校友等人脉资源，虽然作为大学生，掌握的就业信息并不完善且片面，但经过将人脉资源掌握的就业信息进行整合，同样能够获取到准确的就业信息和就业渠道，而且有效性和信息获取效率都相对较高。

虽然社会关系所提供的就业信息和渠道较为专门和独特，但是总体而言信息量较小，可挑选和筛选的余地也相对较小。

5．社会实践活动获取

通常，大学生的见习和实习机会贯穿学生生涯，大学生需要珍惜这些机会，通过参观考察、社会调查、实践分析等，积极搜集各种就业信息，这些就业信息是由大学生自己通过积极探索和认真思考得来的，所以针对性较高且对自身的实用性较大，就业的成功率也相对较高。

（二）非常规的求职和就业信息搜集渠道

上述较为常规的求职和就业信息搜集渠道，都是较为常见且参与机会较多的渠道。除此之外，大学生还可以通过非常规的求职和就业信息搜集渠道来了解就业形势，主要有以下几种方式。

1．大学生主动求职

大学生主动求职即对契合自身需求和职业发展方向的企业，在事先进行调查和了解之后，主动联系对方。这要求求职者拥有较强的沟通能力和心理素质，即需要经受得住被企业拒绝的打击。当然，采取这种主动求职的方式需要参考对方招聘主管是否欣赏主动精神。

2．团队求职模式

团队求职模式即将拥有共同求职目标的同学组建为一个团队，大家共享求职信息，可以以团队形式去目标单位应聘。这种求职模式需要建立在彼此信息较为透明的基础上，挑选人才需求量较大的企业。

3．曲线求职模式

曲线求职模式即面对竞争激烈的就业环境和数量庞大的就业大军，个体在综合考量自身的综合素质和专业技能后，依旧感到存在较大差距，可以通过继续深造等方式提高自身竞争力，当然，起点更高，竞争力也会更大。

4．多元化求职模式

互联网时代各种信息搜集渠道层出不穷，大学生可以广泛发挥这些渠道的碎片化信息特性，通过公众号、小程序等进行特定职业的信息搜集，还可以将自身在网络中获取的成绩纳入个人简历之中，以此提高自身的竞争力。

（三）就业信息的分析和处理

通常大学生通过上述的就业信息搜集渠道获取的信息数量较大且较为杂乱，有很大一部分信息对于个体而言是无用的，甚至会影响个体进行就业决策，因此在充分搜集就业信息之后，还需要对这些信息进行整理、分析和处理。

1．就业信息整理和分析原则

大学生对就业信息进行整理和分析需要遵循以下几个原则，以便节省时间和精力，快速筛选出对自己有益的就业信息。

（1）需要划分重点，将所有的信息归纳整理，剔除和个体期望职业方向相悖、兴趣爱好完全相左的信息，初步筛选之后进行信息比对，按重要程度将信息分类留存，其他一般信息则仅作为参考和信息分析的基础。

（2）需要根据自身特点和需求，选择适合的相关信息，不同的个体筛选出的信息会有巨大差异，但只有适合自身的信息才能够作为后续信息分析的核心内容。

（3）掌控好就业信息的范围，避免所有信息局限于热门职业、热门企业及其相关信息，而应该广泛进行信息布局，通过多层面、广范围的信息筛选，对整个社会的就业形势和就业特征有所了解。

（4）需要注意信息的时效性，尤其是一些企业的招聘信息，在毕业季更新和变化得较为频繁，个体搜集到就业信息之后需要及时整理、归纳并使用，以免超过招聘时效，导致信息失效、过时。

2．就业信息分析方法

就业信息的分析建立在科学整理和加工的基础之上，综合而言需要结合个体的实际情况和特点，以法律法规为核心标准对所有信息进行筛选，去伪存真、留取精品，之后以自身需求和职业要求为出发点，有针对性地将信息排列，最终根据排序后的信息进行科学分析。具体就业信息分析方法可参照下列步骤。

（1）正确地筛选就业信息，需要以有效关键词为基础查阅大量信息，并用较短的时间对信息初筛，将与就业不相关、与大方向不匹配的信息剔除；然后判断和鉴别剩余的信息，要确保信息的准确性、有效性和可行性，如果整理过程中发现缺少关键信息，需要及时考察和补充信息，以确保就业信息完善。

（2）经过筛选和整理后的就业信息有很多并非很直观的内容，有些需要大学生深入思考和剖析，才能找到信息中潜藏的价值。例如，搜集到的用人单位招聘信息，通常极为简明扼要，有时并不包含企业的规模、性质、发展方向、经营范围、工作环境、对人才的具体要求、福利待遇等信息，这就需要大学生通过调查和搜集，完善此部分信息以供参考。

（3）将完善后的信息，按照个体的特性和标准，进行最适宜自身需求的排序，通常可以罗列出择业的提纲内容，包括职业目标、职业方向、择业基本标准（如工作地域、职业空间、企业人才培养模式、薪资待遇、相关福利、锻炼空间等），根据这些内容将符合的信息筛选出来并排序，契合条件越多的信息排位越靠前，符合条件但较为相似的信息则依靠对比标出主次。

（4）根据排序好的信息，及时向相关企业反馈，做好求职追踪工作。大部分企业的招聘信息具有强时效性，企业对应职业的录用指标毕竟有限，只有及时进行反馈追踪才能够避免错失机会。通常可以依照排序反馈信息，表明诚意和期望。

（5）对期望的招聘信息进行反馈（即与对方联系），递交制作好的推荐材料，并保持通信畅通，以便意向企业通知面试。如果同时接到两个及以上企业的面试邀请，需要合理安排时间，若个体不希望到其中一家企业发展，也要及时反馈，表达歉意的同时避免浪费对方的时间。

二、大学生的择业技巧

大学生就业过程中，就业信息的搜集和分析整理，都是为了获取意向企业的面试邀请或进一步增进彼此了解的机会，这个过程也需要许多技巧，若因经验不足而缺乏必要的择业技巧，最终导致失去机会就有些得不偿失。因此，大学生需要学习和掌握一定的择业技巧，以便应对求职过程中的基本情况。

（一）择业过程中遵循的原则

择业过程中，大学生不能以“广撒网”的方式投递求职意愿和推荐材料，即需要遵循一定原则才能够避免纷杂干扰信息，并有针对性地获取更多与职业意向相关的企业的反馈。

投递材料时可以依照以下五种方向：①职业与个体性格匹配，即分析个体性格后，根据个体的性格特征和行为特征投递对应的职业岗位；②职业与个体兴趣匹配，即选择和兴趣吻合的职业进行投递，可以确保工作过程更加富有动力，但此职业方向不能取代全部；③职业与个体能力匹配，通过对其能力体系的分析，选择拥有类似能力要求的职业进行投递，能够更好地发挥自身的能力，也可以提高反馈率；④职业与个体气质匹配，虽然个体的气质不会对职业活动产生决定性作用，但通常会影响职业活动的工作效率，因此个体可以通过分析自身气质，选择较为匹配的职业进行投递，为未来职业生涯的发展奠定基础；⑤职业与个体价值观匹配，受不同的价值观影响，对同一职业的特性会有不同的评价和认识，因此在择业过程中，需要投递与价值观相契合的方向。

以上原则均可以作为分析就业信息的标准，当发现与标准重合度极高的职业时，需要及时抓取机会，并主动深入了解对应企业的情况，以确保其与个体的职业发展方向相契合。进行就业信息排序时，也可以将上述标准作为依据，以便个体能够得到更契合自身未来发展的职业。

（二）相关的择业技巧

大学生就业过程中相关的择业技巧贯穿各个环节，从准备推荐材料到求职意愿和简历投递，再到获取反馈信息的沟通，都有不同的技巧。

1. 推荐材料的准备技巧

大学生准备推荐材料时，需要有一定的针对性，即针对不同用人单位的不同要求和不同职业，准备侧重点不同的推荐材料，通常需要强调自身与对应岗位匹配的知识、能力、经验、特长等。在此过程中要通过适度的包装来提升自身形象，但不是耍小聪明，而是需要从细节入手。

另外，大学生准备的推荐材料的内容要以诚信为本，在展现出自身的优势和强项的同时，也可以写出自身的缺点和不足，只要能够正视这些问题，并有意去弥补和改正，通常用人单位不会太在意这些对工作影响不大的问题，多数用人单位更关注的是求职者的潜力和态度。

2. 表达求职意愿的技巧

通常情况下，就业信息的时效性很强，通俗来说就是求职机会其实是极易流失的。想要抓住求职的机会，最佳的方法就是对就业信息进行充分论证和分析之后主动出击，即做好各方面准备后主动联系对方，联系的出发点就是确认对方是否有某类职业岗位需求，并进行极为精简的介绍，得到沟通机会后，再使用技巧抓住机会。

一般情况下主动出击需要做到以下几点：①不等对方提问，主动介绍自己，但要简明扼要；②若察觉到对方有相关职业的招聘需求，可以主动提出、呈交推荐材料，询问对方收取材料的邮箱或方式；③不要消极等待回音，在到达对方承诺或给予回应时限后主动询问，若无法得到机会，最好能够通过沟通交流了解自身存在的问题，以便有针对性地调整，积累经验教训。

在主动介绍自己的过程中，可以重点突出自己的特点，如与众不同之处、特长、知识能力等，可简单列举案例，简明扼要进行说明。

3．电话求职的技巧

随着互联网和移动通信的发展，电话求职已经成为现今非常重要的一种职业需求沟通交流方式，其不仅可以节省时间，而且能够避免盲目求职，可获得更多面试机会，有效提高求职成功率。采用电话求职同样需要运用一定的技巧，包括通话方式、控制时间等。具体需要注意以下几个方面。

（1）一定要在通话之前做好准备，包括求职的理由、自我推荐的内容等，虽然多数通话会在对方需要求职者投递简历中结束，但有些也会直接在电话中进行初步测试和筛选，以便决定是否邀请求职者面谈。所以求职者一定要在通话前做足准备，一旦对方提出问题，能够有条不紊地回答。

（2）通话之前需要注意选择信号通畅、没有干扰、安静的场所。如果必须要在室外联络，也应该选择相对安静的环境，毕竟电话求职是比较正式的交流方式，若由于外界环境的嘈杂导致无法听清交流的内容，会影响双方的沟通。

（3）通话时需要选择好通话的时机。例如，不要在对方可能忙碌时通话，包括午餐时间、下班前的时间等，尤其是在休息时间通话不仅打扰对方，也会给人留下不礼貌的印象。可以选择上班后半个小时左右进行通话，不仅效果好，而且给对方带来的印象也会更加深刻。另外就是要控制好通话的时长，通常初次沟通的通话时长要控制在 10 分钟以内，若需要长时间沟通，最好事先预约，并准时拨打电话进行沟通。

（4）要准备好必要的通话内容和正确的沟通方式。电话求职的根本目的是进行初步沟通并争取面试机会，因为对方通常没有相应的准备，所以应避免通话内容涉及的方面过多，正常情况下所谈及的中心内容为 1～2 个，并根据中心内容准备好拥有足够吸引力的信息。在准备通话内容时，最好进行一定的模拟和预期，预想可能遇到的困难、阻力、解决办法等，并做好意外事件的预案。

通话内容通常以自我介绍开篇，直接询问对方是否在招聘，具体招聘的职业要求是什么，或者直接询问在招聘信息中未了解的事宜，用最短的时间进行有效沟通。在打电话之前可以先罗列沟通提纲，并准备好笔以记录对方阐述的重要内容。

在通话开始后，一定要注意自身的沟通方式，简单的问候是必不可少的，可以礼貌地确认对方的招聘信息，说话的语气和语言要热情坚定，音量不宜过大，也不宜过小，且不需要过分客套和含糊，应该在精准表达的基础上不失礼貌。沟通过程中注意减少不必要的习惯语和口头语，语速控制得当，声音平稳且吐字清晰，尤其是当对方语气并不热情时，更应该控制好情绪、语气、声调，以展现自身最佳形象。

第三节　大学生就业求职过程中的礼仪知识

在就业求职过程中，大学生带给招聘者的第一印象极为重要，而第一印象的展现，核心内容就是对应的礼仪知识。对于刚刚毕业的大学生而言，就业求职过程中的礼仪可以分为两个部分，一部分是面试之前的礼仪知识，另一部分是面试时的礼仪知识。

一、面试之前的礼仪知识

面试时，除了和招聘者交流时涉及沟通礼仪之外，还涉及外在礼仪。面试属于较为正式的人际交往过程，因此端庄的仪态、整洁的衣冠、洁净的外貌等，不仅体现了个体的精神状态和外貌状态，同时也体现了个体的文化程度和文明素养，以及对社会、企业、他人的尊重，这是面试过程中衡量人才的标准之一。

（一）容貌礼仪

容貌礼仪主要包括发型、手与指甲、妆容等。

在发型方面，因为面试是非常正规的面对面沟通场合，因此面试时头发需要以大方自然为原则，保持头发整齐干净且自然，能够显露出完整的面容。

男性要保持头发整洁干净、精心梳理、发型简单朴素、最好不要中分，将胡须处理干净，若留胡须也需要进行修整，给人干练、整齐之感。

女性最好能够使发型和脸型匹配，以体现精致自然之感。例如，高颧骨脸型可以留长鬓发，最好超过耳线，适当遮盖高耸的颧骨，刘海可以稍长，但不要中分；而低颧骨脸型则可以将两鬓向后梳不遮耳线，以显露整个脸部为佳。再如，发际线较高的脸型，发梢应该向下梳，用刘海遮住部分前额，发际线较低的脸型，则可以不留刘海，若偏爱刘海则需要尽量短。

人与人进行沟通时，手通常会置于身体前方，同时也会匹配一定的手部动作，因此手部细节很容易受到他人的关注。男性的手和指甲要保证洁净，不要留长指甲，要给人以干净利索之感；女性的手和指甲同样需要保证干净，尽量不要留长指甲，若偏爱长指甲也不要过长，否则会给人以无法很好地进行工作之感，另外就是不要涂抹过分艳丽的指甲油。

妆容主要是与女性求职者有关，通常要以素妆和淡妆为主，切记不能浓妆艳抹。口红、眼线等均不能过深，体现出自然风采即可。使用香水则同样以清淡型为主，女性最好能够寻找符合自身气质的香水，可以在面试前一段时间使用香水，最好不要在进入面试房间之前补用香水。

（二）着装礼仪

着装礼仪包括个体的衣着、领带、鞋袜、饰物等各个方面。

衣着最为主要，求职者大方优雅的外表除了体现在容貌方面，还体现在衣着方面。面试属于较为正式的场合，因此穿着要偏正式，虽然不同用人单位的面试官审美并不相同，但从职场规律来看，绝大多数面试官社会阅历都较为丰富，因此对传统观念更为认可，大学生最好能够穿着较为正式且符合大众潮流和审美的服装，避免奇装异服以及图案夸张怪异、色彩过分艳丽等。

通常男性可以穿西装，给人以正规重视之感，不论穿着哪种颜色的西装，都需要考虑好衬衣、鞋袜和西装的搭配，切忌西装裤子较短、衬衫置于裤外、衣兜鼓胀等。穿着西装最好搭配皮鞋，切记不可配运动鞋。为了显得正式可以打领带，需确保领带端正、干净、平整、坚实，避免松松散散，颜色需要和着装搭配。

当然也可以穿着其他服装，前提是干净整洁、搭配合理，避免给人以拖拉、懒惰、邋遢之感。鞋袜干净整洁，鞋无污痕且系牢鞋带，袜子颜色和鞋子、裤子相搭配。

男性面试者常见的饰物是手表、皮夹及公文包。手表应该选择较为商务的样式，若衣着偏运动风则可以选择运动手表，但不可佩戴卡通型手表，避免给人以幼稚感；皮夹并非必需品，但若携带皮夹最好能够精简，避免其过分鼓起；携带公文包时可选择细长类型，也可以不携带公文包，只持整洁文件夹携带推荐资料即可。

女性面试时的着装选择很多，需要注意避免穿太透、太露、太紧的衣服，整体颜色协调一致，给人庄重雅致之感，颜色也有多种选择，但应避免过分妖艳的颜色，如粉红色，易给人虚荣、圆滑的印象。

女性的鞋袜总体搭配原则是和整体服装协调，包括颜色与款式需要和服装匹配，最佳的选择是中跟鞋或设计新颖却不突兀的靴子，尽量避免穿细跟鞋；女性若穿着丝袜一定要注意避免脱丝，可携带一双备用，若出现丝袜脱丝可及时更换。

女性的包可以选公文包，也可以选手提包，但要避免两个一起携带，包内尽量减少物品，包的大小样式需要和自身情况相匹配，如身材娇小的女性就不要携带过大的包，穿着淡雅的服装就不要携带颜色艳丽的包。

女性的饰物也有多种，包括帽子、围巾、首饰等，若佩戴帽子，要保证形状、颜色与服装搭配，围巾可视天气情况进行佩戴，首饰应该尽量少戴，耳环需小巧且舒适，项链也应以精巧为主，手镯等其他饰物需要避免过分古怪。整体而言女性首饰以少为美。

二、面试时的礼仪知识

面试之前的容貌礼仪和着装礼仪，均属于外在形象，其给予人的是第一印象，而真正影响他人对个体印象的，主要是面试过程中个体的行为礼仪。

（一）行为举止礼仪

在任何人际交往之中，行为举止都是非常重要的一项交流沟通工具，甚至彼此交流过程之中会有大量信息通过行为举止传递给他人。进入面试环节后，行为举止一定要礼貌、自然、得体，同时需要针对场合和身份进行适当调整。例如，走路时姿势要端庄文雅、抬头挺胸目视前方；站定时要身体挺直并充满自信；坐下时要端正且精神。

整体而言，面试过程中的行为举止和普通的人际交往过程类似，但需要注意两个问题。

（1）最好不要和他人结伴同行，尤其是刚刚步入社会的大学生在面试时习惯和同学或朋友一同前往，一方面可以减少紧张感，另一方面也可为自己出谋划策。虽然这样做无可厚非，但一定注意避免同行者陪同进入面试场所，否则不仅给人极不自信的感觉，而且也容易造成尴尬（如面试官不知道是谁来面试）。最好的做法是避免他人陪同，若有人陪同，也应该让对方在企业面试场所外部等候。

（2）需要及时作出决策，避免犹豫不决，在面试官眼中个体的犹豫不决就是不够自信和不够独立的表现。这种情况通常会出现在作决策时，以及对方对个体有一定考察要求时，遇到这样需要尽快决策的事件和问题，应该快速思考，并在较短的时间内给予答复。如果无法快速给出确定答案，也需要告知对方自己需要深入考虑后再做答复，并承诺对方何时可以给出最终答案，既能体现出诚意，也能够表现出谨慎。

（二）见面时的礼仪

接到面试邀请之后，通常招聘方会和求职者确定面试时间，当双方对时间没有异议之后，求职者一定要遵时守约，迟到或无故违约都是不尊重对方的表现。

求职者如果不得已改变面试时间，需要提前通知对方并另约面试时间；如果迟到最好主动陈述原因，避免对方产生误解。通常情况下，求职者需要提前 15 分钟左右到达面试地点，一方面表达诚意，另一方面也有一定的准备时间和调整时间。

另外，求职者在和招聘方见面时一定要注重细节，以礼相待，包括进入企业面试场所时遇到的任何企业内部人员，都应该符合礼仪规范。例如，可以微笑或轻微点头以示尊重和礼貌；在进入面试场所时需要先敲门，获得答复后再进入；不论面对的面试官和面试环境如何，都应该略带微笑点头示意，接到对方的入座邀请后再坐下，以示尊重；若面试官伸手示意握手，应该不卑不亢地答礼。

（三）应答时的礼仪

求职者面试过程中最核心的内容就是沟通应答，这是面试的基本环节，也是对方了解求职者最直观的方式，因此对自身的谈吐需要认真把握，注意应答时的对应原则和礼仪规范，表现出自身谈吐的文明和礼貌。

在首次应答时最好以礼貌语开篇，言辞要标准且连贯，内容要简洁通俗。应答过程中需要特别注意以下几个问题。

（1）面试官若要求求职者自我介绍，则介绍时需把握分寸，应简明扼要地介绍，避免拖沓。通常自我介绍应该控制在 2 分钟左右，在简单说明姓名、年龄、毕业院校、专业、毕业时间后，可以根据应聘的职业、岗位特点，重点介绍与之相关的经历、学业情况、技能和个性特征等，在尽可能短的时间内令面试官了解自己的能力和特长，即能够做什么。

（2）面试过程中的沟通交流，对求职者而言是一种带有考核性和测试性的被动交谈，虽然求职者事前会做充足准备，但面试官还是有可能提出各种各样问题来考验求职者的应变能力，包括看似难以回答或较为刁钻的问题等。遇到这样的情况，求职者需要冷静分析后回答，通常会体现出求职者的品德修养、思维水平、应变能力等。当然，这种应变能力通常需要经过历练才能游刃有余，若遭遇应变不及的情况，也不要过分紧张，可以快速调整心态冷静下来，以坦诚的回答来应对问题。

（3）在面试过程中真实地表达想法，是极为重要的一项沟通技巧，在遇到无法回答或并未了解通透的问题时，应该坦率地回答或询问，以表现出自身的诚实，同时也可以快速积累对应的面试经验。

（4）虽然薪资问题是面试过程中较为敏感的问题，但同样也是求职者较为关切的实际问题，面试中必然需要将其提出并解决，但如何把控节奏需要一定的技巧。通常求职者在面试之前，应该先对该行业中该职业平均薪资待遇进行了解，以便心中有数；另外不要见面就谈及薪资待遇问题，而应该在“火候成熟”时，如招聘方表现出合作意向或主动询问时再谈及；如果是招聘方主动提及薪资问题，通常会直接向求职者提问期望的薪资，此时可以根据自身了解到的待遇情况，说出能够接受的待遇，但应留下彼此回旋的余地。

（四）离开时的礼仪

通常面试过程中，招聘方不会非常直白地表示面试结束，而是会以暗示的方式来表达想结束面谈，因此作为求职者应该注意对方的暗示并适时礼貌地提出告辞，即使面试失败，也应该面带微笑向面试官致谢后离开。需要注意的是，离开前应对所有面试场中的面试官致谢，离开时携带自身的物品并关好房门；若面试时挪动了椅子，也应该在离开前将其归位，以体现礼貌。

若在面试过程中并未得到具体的结果，如面试官告知可先回去等待通知，这样的情况下若之后未收到通知，可在2～3天后打电话询问，通话时应先表示感谢再简要说明曾在何时参与面试，礼貌地询问面试情况和结果。

需要注意的是，在招聘方未正式向个体下发聘用书之前，包括正式入职邮件或电话告知，求职者切忌守株待兔，应该积极主动向其他企业投递简历，寻求更多的机会。

如果面试失败，求职者不要陷入失望的情绪中无法自拔，而是应该反思总结，寻找失败的原因，并有针对性地改进和提高，以便在其他机会来临时能够及时抓住。

第四节　大学生求职时的面试与笔试

通常招聘方筛选所需人才会选择面试和笔试的方式，有些企业也许仅有面试，也有些企业会在面试时掺杂笔试，作为大学生需要对企业的面试和笔试进行综合了解。

一、大学生求职时的面试

面试的基本程序主要由招聘方完成，一般会通过面试申请材料和推荐材料，初步筛选出可能符合企业需求的人才，从而确定面试名单；企业会通过各种方式联系求职者参加面试，最常用的就是电话通知，在电话沟通过程中，会将企业名称、招聘岗位、面试时间、面试地点、求职者需准备的材料等详细通知，同时招聘方通过通知的反馈结果来确定有意向面试的人才数量和竞争情况，以便做出相应的准备。

（一）大学生面试准备

大学生在接到招聘方的面试通知后，首先需要筛选面试邀请，即寻找较为契合自身需求和期望的企业及职业，最好做好记录，并在接到其他面试邀请时，合理安排面试时间，以避免因为时间重叠放弃机会。之后需要大学生进行以下两项准备。

1. 了解企业情况

企业通知求职者面试后，求职者就已经开始进入就业竞争的阶段，通常企业不会愿意录用对企业一无所知的面试者，因此作为求职者可以在面试之前，对即将面试的企业进行简单的了解，包括企业的规模、发展情况、产业模式、招聘者特征、企业的性质和业务、市场竞争情况和人才结构等，求职者应该尽可能了解相关基本情况，通常可以通过企业官方网站，以及各种企业相关新闻和活动对其进行了解。

另外，在条件允许的情况下，求职者还可以对企业负责招聘或面试的人员情况进行简单的了解。例如，调查清楚招聘者的性格和特点，包括作风、性格、爱好、习惯、专业等，了解越详细也就越能有针对性地做准备，以便提高面试的成功率。

在了解这些后，需要根据面试通知做好相关材料的准备工作，包括推荐材料的复印和整理，盛装这些材料的文件袋或包。材料可以按大小依次排列，以供面试时寻找材料更加方便。

2．了解面试方式

在参与面试前，大学生最好能够了解就业市场常见的面试方式，以便找到有针对性的应对方式。面试也被称为口试或面谈，是招聘者对求职者进行面对面考核的主要方式，通常会在招聘方指定的时间和空间中完成考核任务。面试主要考察的是求职者的沟通能力、应变能力、自控能力、逻辑思维能力等，是非常有效的筛选人才的方式。主要的面试方式有以下几种。

（1）初试性面试，即应聘人数较多，为了能够筛选出符合条件的应聘者，招聘方会通过初试性面试一对一筛选人才，通常仅考察求职者的谈吐风度和语言表达能力，主要需要求职者介绍个人情况，招聘方提出的问题较为简单，面试速度较快。完成此面试后，通过者通常还需要进行复试。

（2）标准面试，主要是一对一面试模式，也可能是多对一的面试模式，此类面试会有较为标准的程序和流程。例如，面试官询问对应的面试题目后根据标准进行评分，通常还会有具体的时间控制。这种面试也被称为结构化面试，因问题较为统一，减少了面试官的主观臆断，所以更加公正公平。

（3）综合式面试，通常是由面试官以多种方式来综合考察求职者。例如，运用外语和应聘者进行对话以考察外语水平，运用文章和故事来考察求职者的演讲能力，运用突发意外事件来考察求职者的应变能力等。

（4）压力式面试，即面试官会通过一系列针对性的问题有意识地对求职者施加压力，甚至寻根问底，直到求职者无法回答，意在刺激求职者，考验其反应和应变能力。

（5）技能测验式面试，通常会模拟实践情况，要求求职者扮演某角色进行处理，考验的是求职者的逻辑性、解决问题的能力、耐心及面对挫折的坚韧性等，也有些是单纯考验应聘者的专业技能和专业水平。

（6）讨论式面试，即面试官提出问题，由求职者组成小组进行自由发言和讨论，面试官不会对发言和讨论进行控制，而是会根据求职者的发言次数、意见质量、创新性、合作性、概括性、表达能力、领导能力等表现进行评分。

（7）演讲式面试和答辩式面试，通常由面试官提出问题或话题，由求职者自由发挥，考验的是求职者的口头表达能力和逻辑思维能力，以及对问题和话题的敏感性、思维灵活性和应变能力。也可能将求职者分为正反两方，针对话题或问题进行辩论。

通常招聘方在实际面试过程中，仅采用一种主要面试方式对求职者进行考察，但有时也会将多种面试方式结合，综合考察应聘者，作为大学生，需要对各种面试方式都做好充分的准备。

（二）大学生面试时应注意的问题

想确保面试过程中拥有良好的发挥和表现，需要注意以下几个方面。

（1）在面试之前形成自信和愉悦的精神状态并一直保持到面试之时，充分的自信能够推动求职者在面试时保持高度的注意力和充沛的精力，同时也会表现出敏锐的判断力和缜密的思维力，从而更容易在面试中脱颖而出；而愉悦的精神状态则会令身心更加放松，不会过分紧张，从而表现也会更加自然，给人年轻有活力的感觉。

（2）在整个面试过程中一定要淡化成败意识，即只要能够将自身最精彩的一面展示出来即可，不要忧心到底能否面试成功，从整个求职过程来看，求职者应该始终保持处之泰然的状态，只要坚信拥有的才能可以与职业相匹配，就一定能够找到与自身契合的工作。

（3）在面试过程中，需要注意树立对方意识，即做到尊重面试官，即使遭遇追问或类似刁难的问题，也要站在对方的角度思考，这是对求职者的考验和职业需求，所以不要针对面试官发泄情绪，而是要表现出对面试官人格上的尊重。另外在自我介绍或表达时，要减少运用“我”字，最好以客观的态度去阐述内容，兼顾招聘方和自身，以拉近彼此的距离。

（4）在面试过程中要注意一些禁忌。例如，避免不当的提问和不良用语，包括答非所问、不合逻辑的回答、本末倒置的追问等，以摆正自身的态度和位置；还需要注意控制自身的不良习惯，包括眼神飘忽和游移不定，手脚晃动和摆动、小动作不断，面无表情且毫无生气，举止不稳重等，这些问题需要及时发现并改正，始终保持大方得体的平等对话，才能够为面试加分。

二、大学生求职时的笔试

在大学生求职过程中，也可能会遇到需要进行笔试的考察模式，相对于面试而言，笔试主要考验的是求职者的学识水平，可有效考核求职者的基本知识、专业知识、管理知识、综合分析能力、文字表达能力等素质，通常会在面试前进行，并最终和面试评分共同成为招聘方评选的标准。

（一）较常见的笔试种类

求职过程中常遇到的笔试种类主要有四种，分别是专业能力测试、心理能力测试、综合能力测试和其他测试。

专业能力测试通常是因为职业岗位具有特定的专业要求，且通过笔试能够更好地体现专业能力，所以会采用笔试来进行评测。例如，求职产品质检员时，最常遇到的笔试问题就是给予求职者一件产品，让求职者写一份评价报告；应聘计算机软件编程人员，招聘方可能会给予求职者一定的条件和要求，让其编写一段程序等。不同的职业要求会有不同的笔试方向，求职者需要有针对性地梳理和完善知识体系。

心理能力测试多被一些跨国公司采用，这些企业虽然对大学毕业生没有具体的特殊要求，却对大学生的基本素质要求较高，尤其是智商水平、心理水平、行为态度等。通常会运用心理能力测试方法，检测求职者的行为动机、兴趣爱好、行为模式、情绪控制、个性等方面的素质。

综合能力测试则是结合前两项测试的一种综合测评方式，不仅会通过测试来分析求职者的心理能力和智商水平，还会对其他能力进行测评，如分析能力、洞察能力、理解能力、解决问题的能力等。

其他测试则是招聘方根据企业自身的特性和对人才的特定需求，进行的并不普遍的笔试测评。例如，国家机关录用公务员实行的就是考试录用，其中笔试比分的占比较高；需要外语翻译人才的企业也会通过翻译笔试来考察求职者的专业能力。

（二）求职时笔试的相关技巧

笔试的最终评分，一方面与求职者平时的知识积累、知识掌控能力、知识复习程度有关，另一方面还和答题技巧有关。

（1）需要求职者调整好笔试的心理状态，并对笔试特性有所了解，最好先分析笔试测评方向，有针对性地发挥自身的知识掌控能力，从而展现出最真实的水平。

（2）拿到笔试试题之后可以根据其题量和题目方向选择合适的答题方法，可以根据题目的难易程度和分量轻重，有针对性地制定答题步骤，在有限的时间回答得更为精准和正确。

（3）有些笔试题目会将实践和理论相结合，遇到这类试题要发挥自身的思考能力和现实结合能力，通过学过的知识发挥联想，对实际情况进行合理且科学的分析，给出最契合实际的答案。

（4）要了解笔试的题型特点，做出有针对性的精细化回答，通常在笔试答题时要突出重点并简明扼要，力求用最简单通俗的答案解决问题。在回答完所有笔试试题之后，需要对存疑的题目进行检查和反思，力求做出最合理的回答。

第五章　大学生就业心理调适和权益保障

第一节　大学生求职的心理调适

一、大学生择业的心理问题

随着我国经济的不断发展，改革进一步深化，高校毕业生的就业竞争压力越来越大，毕业生在面临机遇的同时也面临着前所未有的挑战。毕业生从安静的学校走向竞争激烈的社会，走进人才市场，常常会产生各种心理矛盾和冲突，导致心理失衡，这不但影响毕业生的择业，而且对毕业生的心理健康造成一定的不良影响。所以，高校需要在大学生毕业之前对大学生的心理健康进行教育，这实际上也是高校对毕业生进行就业指导的一个重要组成部分。

（一）大学生择业的矛盾心理

毕业生从学校步入社会，生活、工作等方面都发生了翻天覆地的变化，其任务由原来的学习转变为工作，在这一过程中毕业生可能会出现各种心理问题或者产生各种心理矛盾，但是这并不是一个很严重的问题，完全可以通过与好友交流、寻找专业人员进行咨询等方式得到解决。通常情况下，毕业生择业过程中会出现的心理矛盾有以下几个方面的内容。

1．理想与现实的矛盾

当代青年学生的理想丰富多彩，大学生在择业中对理想的追求更加强烈，更加远大，他们踌躇满志，豪情满怀，准备在社会上大干一番。但由于他们涉世尚浅，对社会了解还不够深，对未来抱有幻想和不现实的成分，在择业上与社会需要存在着差距，个人理想往往脱离客观现实与主观条件。大学毕业生普遍留恋条件舒适的大城市，追求社会地位高、经济效益好的工作岗位，而不愿到边远地区或条件较差的地区去工作。在择业中他们并未真正思考自己的理想与现实之间的差距，也较少考虑所定的目标是否有利于个人的发展，甚至不了解自己的气质、能力、兴趣适合于何种工作，因而出现理想与现实之间的矛盾。

2．“鸡头”与“凤尾”的矛盾

在大学生中经常会发生做“鸡头”还是做“凤尾”的辩论，也就是“到小地方做人才”还是“到大地方做闲人”的问题。对这个问题的讨论由来已久，至今也是见解各异。在大城市或者沿海开放城市，经济发展迅速机遇相对较多，但这类地区人才相对饱和，如北京、上海这类城市，大学生到处都是，本科生也不足为奇，因而，在这些地方工作只能做“凤尾”。相反，一些中等城市和广大农村地区，人才相对匮乏，本科生都不多见，到这样的地方工作，必然会做“鸡头”。然而，“鸡头”虽好但吃苦较多，“凤尾”虽然埋没人才但很安逸，这是一个矛盾的问题，对于许多毕业生来说，它是一个“两难选择”。“鸡头”与“凤尾”的矛盾不仅表现在择业地域方面，也表现在对工作单位的选择上。

3．所学专业与未来工作的矛盾

不少大学生对自己的专业看得很重，在择业中只要是专业不对口就认为不适合自己，但在现实社会中，真正完全与所学专业对口的工作是不多的，于是就产生了所学专业与未来工作的矛盾。其实，本科教育更多的是学习能力的教育，是接受新事物能力的教育，是适应环境能力的教育，因此，毕业生完全不必为学不能致用而苦恼。当前，许多大学都在强化对本科生的基础知识的培养，一些高校对入学新生不分专业，这些做法都是在淡化本科生的专业意识。国内许多大公司更是对专业看得很淡，如“宝洁公司”在招收毕业生时就不限制专业，仅对应聘者进行基本能力测试和面试。

4．择业工作与继续求学的矛盾

在高校中，考研的学生逐年递增，这一方面是因为大学生已经充分认识到知识的重要性，另一方面说明学历在择业中仍然起着举足轻重的作用。大城市对学历的限制比较严，因而，不考研就很难找到好工作。但择业与继续求学之间常存在矛盾，一是时间上的矛盾，二是用人单位制造的矛盾（声明自己考研的毕业生往往签不到单位），这两方面的矛盾解决不好，很可能既耽误了考研又延误了找工作。

5．亲情与爱情的矛盾

亲情与爱情的矛盾也是毕业生经常遇到的烦恼。现在的大学生中独生子女增多，父母大多希望他们毕业后回到自己身边，尤其是女生，家长更加不放心她们独自在外地生活。那些在读书期间谈恋爱的大学生们，毕业时为了能到一起，想尽了办法，但由于父母的期盼，又增添了许多烦恼。男生希望女生到自己家乡落户，女生却希望男生到自己父母身边安家，即使双方妥协，双双留在外地，却又伤了亲人的心。

（二）大学生常见择业心理障碍

1. 情绪心理障碍

（1）焦虑心理。当前社会纷繁复杂，毕业生步入社会之后会面临各种问题与困难，而且这些问题与困难都需要毕业生自己去解决，因此在这一过程中，毕业生会出现各种心理冲突，不知道该怎样面对现实生活，从而出现不同程度的焦虑。比如，毕业生担心自己找不到合适的工作；担心自己的理想无法实现；担心自己做出了错误的选择；有些女性毕业生担心自己会遭受到性别歧视等。尤其是那些在校期间成绩不优异、表现不突出的毕业生，他们担心自己步入社会之后依然表现不好、工作做不好。还有一些毕业生本身性格比较内向不善与人交谈，这些都会导致毕业生出现焦虑心理。焦虑通常可以分为两种情况：适度焦虑和过度焦虑。适度焦虑可以督促毕业生积极向上、克服困难，有利于毕业生的发展；但是过度焦虑对毕业生的身心发展是非常不利的，容易使大学生产生焦躁的情绪、意志消沉，严重者甚至发展为一种心理疾病，表现出注意力涣散、心悸、失眠、头疼等症状。焦虑心理不仅对毕业生的生活造成严重的干扰，同时还对毕业生的求职产生消极影响。

（2）抑郁心理。抑郁心理不是一朝一夕形成的，而是毕业生在长期的求职过程中由于屡屡遭受失败逐渐形成的，在一次又一次的失败之后，毕业生觉得自己无法掌控自己的生活，对自己的未来也无能为力，于是便慢慢地对生活与工作失去了信心与耐心，通常表现为情绪低落、意志消沉、不思进取。具有这一心理的毕业生通常消极怠工，听天由命，对生活与工作都持有一种无所谓的态度，严重时可能会发展为抑郁症。

（3）挫折心理。挫折心理指的就是求职者在求职过程中遇到了困难和障碍一时无法克服而产生的一种紧张心理和消极情绪。高校应届毕业生由于长期待在学校里，对社会上的经济发展情况缺乏深入的了解，对市场上的求职情况了解得也不多，所以在求职之前一般都是信心满满，但是一旦在现实生活中遭遇挫折就无法应对，从而产生挫折心理。

（4）嫉妒心理。高校毕业生在求职过程中，通常看到别人找到了工作或者找到了比自己好的工作就会不自觉地产生嫉妒心理。适当的嫉妒心理可以促进毕业生积极上进，对毕业生未来的发展有一定的好处，但是过度的嫉妒心理则会使毕业生的人际关系受到影响。

2．认知心理障碍

（1）自卑心理。一些高校毕业生对自己缺乏客观而且全面的认识，总是认为自己的学历不如别人、成绩没有别人好、能力也不强、职业竞争力也很弱等。对自己的过度否认很容易使毕业生产生自卑心理，从而使毕业生对自己失去信心，怀疑自身的专业素养和综合能力，同时也不敢大胆地向用人单位推销自己从而导致与好的工作机会失之交臂。长期有着自卑心理的毕业生很难看到机会与希望，更不愿意憧憬自己美好的未来。容易产生自卑心理的人通常性格比较内向，不爱与人交往。且性格较为内向的人通常心思比较细腻，比一般人更为敏感，会情不自禁地拿自己和别人相比较，常得出自己在各个方面都不如别人的结论。

（2）自负心理。自负心理是与自卑心理相反的一种心理。当代大学生有很多都是独生子女，他们从小生活在父母的呵护中，被父母保护得很好，没有受过挫折，也没有自己解决过困难，因此这些毕业生会产生一种天生优越感，认为自己是“天之骄子”，对自己充满自信，觉得自己学历高、能力强，毕业之后就会顺利找到一份很好的工作。在这种心理的支配下，其择业很挑剔，好高骛远，不能脚踏实地，也不愿意吃苦，这就导致毕业生错失了很多好的工作机会，到最后也没有找到适合自己的工作。在现实生活中，有自负心理的毕业生通常会给用人单位留下非常不好的印象，会让用人单位觉得毕业生身上有种盛气凌人的气势，很少有单位愿意录用这样的毕业生。

（3）依赖心理。依赖心理是现代毕业生普遍具有的一种心理。具有依赖心理的毕业生总是喜欢依靠别人做事，自己没有自主做事的能力，严重缺乏独立意识。毕业生的依赖心理主要表现为：首先，不愿意积极主动地为择业做准备；其次，不敢或者不愿意积极主动面对择业过程中的挫折与困难，而是希望家人或者亲朋好友能帮助自己运作；最后，认为自己不是才华出众的人，择业听天由命，将希望寄托于运气，希望不通过努力就能找到满意的工作。有上述心理的毕业生很难在生活与工作中取得成就，因为他们缺乏自主拼搏的精神，而这种自主拼搏的精神刚好就是当前社会所需要的，只有有了自主拼搏的精神才能为自己争取到美好的未来。

择业是毕业生由学校走向社会的第一个任务，是开始人生征程的第一步。高校毕业生如果不凭借自己的努力去找工作，就会失去一个深入了解社会经济发展的机会。高校毕业生通过求职，可以与各大企业的人员进行沟通交流，有利于锻炼自己的交往能力，开阔自己的眼界，拓展自己的认识。反之，毕业生如果将自己的命运交由他人掌握、把控，那么在自己的未来人生旅途中就会陷入被动地位。毕业生应该始终相信自己的命运由自己把控，选择喜欢的、适合自己的工作，并且凭借自己的实力努力将工作做好，只有这样才能在未来有所成就。

3．人际心理障碍

（1）怯懦心理。具有怯懦心理的人通常都比较害怕面对挫折与困难。刚毕业的高校毕业生害怕自己在面试时说错话导致面试失败，于是在面试时谨小慎微，有的时候甚至紧张得不知所措，不知道该做什么，说话也是声音颤抖、语无伦次，于是在面试中就很难将自己的才能充分展示出来以至于失去了获得工作的机会，面试失败以后又陷入了悲观失望的状态，自我评价下降，严重影响求职自信心。

（2）冷漠心理。毕业生在找工作初期总是会遇到一些麻烦与困难，这个时候一些毕业生就会不自觉地出现情绪低迷、悲观失望、麻木等反应，对自己失去信心，认为自己能力太弱，无法改变任何事情，对待工作与生活无能为力，然后以消极的态度对待身边的人和事，不为自己争取任何机会，对一切事物都无所谓。

4．社会心理障碍

（1）从众心理。毕业生从众心理指的就是毕业生受到周围人的影响，在知觉、判断、认识上表现出符合社会公众或者周围人群行为方式的一种心理。具有从众心理的毕业生通常没有自己的分析能力，也没有独立思考的能力，个人观点、做法一律以大众为主，随大流，实际上这种行为是消极的，非常不可取的。高校毕业生在求职过程中不结合自身兴趣、能力和特点，也不从实际情况出发，只是一味地跟着身边的人寻找工作，这是从众心理的典型表现。

（2）攀比心理。攀比心理也是毕业生择业过程中极易出现的不良心态。攀比通常发生于在各方面条件都差不多的群体里，这一部分人认为自己与群体中的其他人有着差不多的条件，那么在工作方面也不应该与别人相差太远。毕业生一旦发现同一群体中的他人比自己优秀了，就会想方设法超越他，以求得一种心理平衡。如果不能达到别人的水平或者不能超越别人，就会觉得很失落，对他人产生嫉妒心理。高校毕业生通常在择业与就业的过程中，会不由自主地与他人对比，尤其是同自己的同班同学。看到别的同学找到了好工作、进了好单位或者留在了大城市，心理就会不平衡，总觉得自己应该像别人一样，也应该有一份很好的工作。但实际上，每一位毕业生的生长环境、家庭条件、社会关系都不一样，到最后落实到找工作上也会有所不同。毕业生不能只将眼光聚焦在学历上，而是应该立足于现实，从自身情况出发，努力找到适合自己的工作，而不是盲目地攀比。毕业生在毕业之后都是刚刚走上工作岗位，以后的发展谁也无法预测，可能有的人工作起点高一些，但是相信通过努力自己也会取得一番成就，所以高校毕业生根本不需要将眼光聚焦在当下，而是应该放眼未来，为自己的未来做好谋划。

二、大学生择业心理调适的方法和途径

高校毕业生第一次择业，难免会遇到一些困难和问题，而心理调适最主要的作用就是帮助毕业生在遇到挫折与困难之后能够客观地看待挫折和困难，做好自我调节，正确地面对现实与挫折，从而排除内心困扰，有效控制和调节自己的情绪，并且能够保持一种稳定而积极的心态。

（一）自我心理调适的必要性

在现实生活中，每一个人都难免会出现心理不平衡的现象，因此人们的心理活动总是处于“不平衡——平衡——新的不平衡——新的平衡”这样一个循环式的发展过程。每一个人都有自我调节和自我控制的能力，都有能力改善自己的心境，并且能找到最佳方式实现自己的理想，达成自己的目标。

高校大学生必须意识到人生实际上就是一个不断发展、不断变化的复杂过程，同时也是每一个人对社会不断适应的过程。随着社会的发展与进步，同时也伴随着人类的发展与进步，社会总是不断地对人们提出新的要求，这使得刚进入社会的高校毕业生感到很不适应。这个时候就需要每一位高校大学生做出自我调整与自我改变，努力地使自己适应当前的社会环境，与环境始终保持一致，只有这样才能更好地适应社会，使自己得到更好的发展。相反，如果高校大学生不能做出自我调整或者自我改变，那么

就很难适应当前社会的发展，在人生发展道路上也会阻碍重重。在这种情况下，高校毕业生就很难有好的择业结果，严重的还会对大学生的心理健康造成不良影响。

临近毕业是大学生找工作的高峰期，他们会不自觉地产生好奇感，好奇当今社会能够提供什么样的职位，好奇自己会选择什么样的工作岗位，做什么样的工作内容；与此同时，有些大学生还会想到如何调整自己使自己适应当前社会的发展与需求，并凭借自身实力找到合适的工作。实际上前者属于社会就业环境问题，很多情况下个人是无法决定的；但是后者却是大学生的主观问题，是大学生可以自我掌控的部分。高校大学生只有从主观和客观两个因素出发，对就业环境有一个充分的认识，同时对自己也积极地做出调整才能使自己取得更好的发展。

在现实生活中，人们如果遇到了不顺心的事通常会抱怨环境，觉得是环境的客观因素导致了这一切糟糕的事情，却很少寻找主观因素。众所周知，环境是客观因素，大部分情况下我们是无法改变环境的，但是我们可以做到适应环境，融入环境，只有这样才能使事情变得越来越顺利。

这里所说的自我心理调适指的就是高校大学生根据自身实际情况以及环境对大学生的需求，对自己的心理进行控制与调节，其目的还是让大学生在未来工作中发挥出自己的最大优势，以维护心理平衡，消除心理困扰。如果大学生学会了自我心理调适，那么在今后的择业与就业过程中就会坦然面对自己遇到的挫折与困难，并且通过自我调节与控制，有效化解遇到的困难与障碍，排除择业与工作过程中的困扰，从而找到最佳途径实现自己的目标。但是，如果大学生无法进行自我心理调适，那么当他们遇到困难时就会难以应对，从而产生消极情绪或者对未来失去信心。所以，当代大学生必须意识到心理调适对于择业与就业的重要性，从而提高自我调适的自觉性，增强承受挫折、化解冲突和矛盾的能力，及时调整自己的心理状态，促使心理健康，顺利择业。

（二）大学生进行自我心理调适的途径

1. 充满自信

高校大学生首先要做的事情就是对自己有一个客观而且全面的认识，充分将主观意愿和自身客观条件相结合，从而强化自己的自信心。从当代大学生的求职情况来看，很多大学生在求职过程中都是较为怯弱、胆小的，他们通常羞于表现自己，更无法做自我推销，这会给用人单位留下非常不好的印象，从而很可能导致大学生与适合自己的工作岗位失之交臂。因此，在人才市场竞争非常激烈的当下，大学生应该克服自卑心理，树立自信意识。

高校毕业生要想促使自己充满自信，在日常生活中，必须逐渐培养自己自信、乐观、坚强的良好品质，同时要有自强不息、开拓创新的精神，从而逐渐树立起自信心。在现实情况中，求职者遇到挫折或者遭遇用人单位拒绝其实都是一件非常平常的事，高校毕业生应该对自己充满信心，相信自己能够解决难题，勇敢地面对困难，而不是被困难吓倒、屈服于困难。同时，高校毕业生应该经常对自己美好的未来进行憧憬，这样可以为自己的努力提供源源不断的动力，给自己希望，向着希望不断地努力、奋斗，最终到达理想的彼岸，找到适合自己的工作。

2．正视社会现实

每一个人都是现实社会群体中的一分子，在现实社会中扮演着不同的角色，所以，正视社会现实是高校大学生择业过程中健康心态的重要体现，也是大学生择业过程中必须具备的素质。毕业生拥有积极的心态具体表现为能够正视社会现实、适应社会环境；而消极的心态则表现为逃避社会现实、与社会现实相脱离。当前社会，越来越尊重知识、尊重人才，随着我国市场制度的不断完善以及企业用人制度的不断完善，社会将为高校大学生提供更加公平、公正、合理的择业与就业环境，大学生也会有更多的择业选择、更多的择业机会，这也是大学生充分施展自身才华的重要保障。当前，社会为大学生提供的工作岗位不可能让每一位大学生都满意，因此，高校大学生一定要从自身的现实情况出发，树立正确的择业观念，敢于竞争，通过努力获得用人单位的认可。正视社会现实还表现为大学生根据社会需要选择合适的工作，而不是不切实际地追求好单位、高工资或者好待遇。每一个人的生存与发展都离不开社会现实，人无法离开社会而单独存在，因此每个人理想的实现都是建立在他所处的社会环境的基础之上的。择业是大学生的人生需求，这一需求当然也受到社会条件的限制和制约。综上所述，高校大学生一定要正视自己当前所处的社会环境，立足于社会现实和个人素质、条件，理性择业，选择适合自己的职业。

3．培养独立意识

高校大学生已经是成年人，有为自己行为负责的能力，步入社会之后，用人单位也会将大学生看作能够为自己行为负责的成年个体，因此，进入高校之后的大学生必须树立独立意识，不能再依赖别人，让别人为自己承担错误或者责任。首先，大学生要有意识地培养自己独立生活的能力。高校大学生应该从日常生活中的小事开始，刻意地训练独立处理问题的能力，发展自己的各项技能，包括生活技能、工作技能等，刻意地摆脱父母与亲朋好友的关心与呵护，学会独立。其次，高校大学生要培养自己独立处理学习、工作中遇到的问题的能力。高校大学生需要充分发挥自己的创造性，不要等到家人或者老师安排之后才去完成，而是有发现问题、发现工作的能力，在顺应环境的基础上适应环境，让环境为自己的工作服务。再次，高校大学生要从思想上和心理上获得独立。高校大学生要从思想上意识到自己将来要走的路，要有自己的观点和想法，为自己设定一定的奋斗目标，能够独立处理各种问题，使自己的思想体系不断得到发展与完善；高校大学生还要获得心理上的独立，其中自信心是心理独立的关键，无论是顺境还是逆境，都应该勇敢面对，并且相信所有的困难都是一时的，只要自己努力总是可以克服的。最后，高校大学生要自尊、自爱、自信、自强，始终保持乐观向上、积极进取的心态。

4. 正确对待挫折

面对挫折的态度就像是一块试金石，它能够体现出一个人的心理是否健康，能否勇敢地面对挫折。如果一个人没有健康的心理，那么这个人就很容易知难而退，甚至陷入极端情绪。每个人的求职历程都不是一帆风顺的，高校大学生在求职过程中应该保持健康的心理以及积极向上的态度，即使是遇到困难也不要退缩，要保持清醒的头脑，认真分析问题、解决问题。高校大学生在遇到挫折的时候只有自己认真分析，才能知道问题出现的原因是什么，也才能够对症下药，尽快地解决问题。有的高校大学生在求职初期由于连续碰壁就开始灰心、垂头丧气，不愿意再给自己一次求职的机会，这样最终只能导致求职无望，事业无成。所以，要勇于面对挑战，知难而进，百折不挠。通向成功的道路从来都不是平坦开阔的，而是布满了荆棘、充满了泥泞，只有勇于克服困难的人、勇于迎接挑战的人才能通向成功的彼岸。对待挫折不是被动适应和一时忍耐，而是应该在逆境中成长，在困难中成熟，成为一个勇于克服逆境的人。

（三）大学生心理调适的具体方法

高校大学生应该善于控制自己的心境，对不平衡心理进行自觉调整，增强心理素质，始终保持乐观向上的情绪。下面是几种常见的心理调适方法。

1．自我激励法

自我激励法主要指用生活中的哲理、榜样的事迹或明智的思想观念来激励自己，同各种不良情绪进行斗争，坚信未来是美好的，尽可能把不可以预料的事当成预料之中的事，即使遇到意外事件或择业受挫，也要鼓励自己不要惊慌失措、冲动、急躁，而是开动脑筋、冷静思考、寻找对策。大学生在择业过程中，要相信自己的实力，通过自我激励，增强自信心，消除自卑感，保持良好的情绪和心态。

2．注意转移法

注意转移法即把注意力从消极情绪转移到积极情绪上。当不良情绪出现时，可以采取转移注意力的方法寻找一个新颖的刺激，激活新的兴奋中心以抵消或冲淡原来的兴奋中心，使不良情绪逐渐消失。例如，可以听听音乐，参加体育运动，进行自我娱乐，接受大自然的熏陶，参加感兴趣的活动等，使自己没有时间沉浸在因各种原因引起的不良情绪中，以求得心理平稳。

3．适度宣泄法

当遇到各种矛盾冲突，引起不良情绪时，应尽早进行调整或适度宣泄，使压抑的心境得到缓解和改善。宣泄的较好方法是向自己的挚友、师长倾诉忧愁、苦闷，使不良情绪得到疏导。在倾诉烦恼的过程中，可以获得更多的情感支持和理解，获得认识和解决问题的新思路，增强克服困难的信心。也可通过打球、爬山等运动量较大的活动，消除压抑心理，恢复心理平衡，但应注意场合、身份、气氛，适度宣泄应，不具破坏性。

4．合理情绪疗法

合理情绪疗法认为，人们的情绪困扰是由于不正确的认知，即非理性信念所造成的，因此，通过认知纠正，以合理的思维方式代替不合理的思维方式，就可以最大限度地减少不合理的信念给人们的情绪带来的不良影响。例如，有的大学生择业不顺利就怨天尤人，认为“人才市场提供的岗位太少”“用人单位要求太高”，其原因就在于他只从客观上找原因，认为“大学生择业应当是顺利的”“社会应该为大学生提供充足的岗位”，正是由于这些不正确的认知信念，造成了他的不良情绪，而这种不良情绪恰恰来自他自己。所以，如果能改变这些不合理的观念，调整认知结构，不良情绪就能得到克服。大学生运用合理情绪疗法时要把握三点：第一，要认识到不良情绪不是源于外界，而是由自己的非理性信念造成的；第二，情绪困扰得不到缓解是因为自己仍保持过去的非理性信念；第三，只有改变自己的非理性信念，才能消除情绪困扰。

5. 自我安慰法

自我安慰法又称自我慰藉法，关键是自我忍耐。在择业中大学生常常会遇到挫折，当经过主观努力仍无法改变时，可适当地进行自我安慰，以缓解动机的矛盾冲突，解除焦虑、抑郁、烦恼和失望情绪，这样有助于保持心理稳定。在因受挫折而情绪波动时，可用“亡羊补牢，为时未晚”“塞翁失马，焉知非福”等话语来进行我安慰，解脱烦恼。

6. 松弛训练法

松弛训练法也称放松训练法，它是一种通过训练有意识地控制自身的心理、生理活动，降低激素水平，减轻紧张及焦虑，改善机体紊乱功能的心理辅导方法。一般来说，其方法是紧缩肌肉，深呼吸，释放现在的思想，注意自己的心跳次数等，帮助当事人经历和感受紧张状态和松弛状态，并比较其间的差异。如渐进性放松法，就是在安静的环境中采取舒适放松的坐位或卧位，按指导语或规定的程序，对全身肌肉进行“收缩—放松”的交替练习，每次肌肉收缩 5～10 秒，放松 30～40 秒，如此反复，起到消除紧张达到松弛的作用。在面试时，可以采用这种方法来缓解紧张。

综上所述，高校大学生在择业过程中，应该适当地提高自我调适能力，根据自身的实际情况找到适合自身发展的道路。

第二节　大学生的就业权益保障

高校大学生的求职权与上岗权是由法律保护的，但是在实际求职过程中，大学生由于各种原因总是在无形中被剥夺求职的权利，这极大地损害了求职者的利益，同时也使高校大学生的求职积极性受到了挫伤与打击，对其未来职业的发展造成了很大的不利影响。所以，高校大学生在求职过程中应该学会使用法律的手段，坚决维护自身的合法权益，捍卫自己的利益。

高校大学生一般都是在毕业之后才会真正地踏上求职的道路，毕业生在求职过程中对自己权益的保护主要由两个阶段组成，一个是毕业生在求职过程中（首次就业）的权益保护；另一个是毕业生在上岗后（劳动关系）

的权利保护。权益保护阶段的不同意味着保护侧重内容的不同，求职中的权益保护侧重的是学生就业协议的签订或者试用期期间劳动纠纷的处理；上岗后的权利保护则侧重于劳动合同的履行。

一、大学生的就业权益

高校毕业生是我国一个非常重要的群体，每年的毕业生人数都在增加，他们也是每年求职的重要群体。高校毕业生在求职过程中实际上享有多方面的权益，其主要包括以下六个方面的权益。

（一）获取信息权

对于高校毕业生就业来说，就业信息是最为重要的内容，如果没有就业信息，高校大学生就无从谈起择业与就业，因此可以说，就业信息是高校毕业生成功进行择业与就业的前提条件。高校毕业生只有获得了充分的就业信息，才能够在就业信息的基础之上根据自身条件与能力选择适合自己的工作岗位。高校毕业生获取就业信息权主要包含以下三个方面的内容。

1．就业信息公开

就业信息公开指的就是任何用人单位不得向高校毕业生隐瞒、截留就业信息，高校毕业生有知晓就业信息的权利。

2．就业信息及时

就业信息及时指的就是高校毕业生有及时知晓就业信息的权利，而且就业信息须有效。那些过时的、无效的就业信息不得传递给高校毕业生。

3．就业信息全面

高校毕业生有权通过正当渠道获得他们所需要的准确而且全面的就业信息，这样做可以帮助毕业生提前对用人单位有所了解，并选择适合自身条件与能力的工作，促进高校毕业生快速就业，实现高质量就业。

（二）接受就业指导权

高校毕业生可以享受学校的就业指导，对此，学校也应该成立专门的大学生创业与就业指导部门，聘请专业的就业指导人士对高校毕业生进行及时毕业就业指导，这一指导是多方面的，主要包括国家正在施行的就业政策、方针、就业与择业技巧等。同时还需要引导高校毕业生进行理性择业，充分结合自身能力与特点选择适合自己的工作岗位。

（三）被推荐权

高校毕业生有被推荐到相关岗位就业的权利。学校专门管理大学生就业的部门有责任向用人单位推荐本校的毕业生，这对于高校毕业生的就业起到关键作用。高校毕业生所享受的被推荐权主要有以下几个方面的内容。

1. 如实推荐

如实推荐指的是高校就业管理部门在向用人单位推荐高校毕业生时应该根据学生的具体情况，做到实事求是，不得无中生有，随意贬低毕业生，同时也不能对高校毕业生的优势和长处进行隐瞒，应该将毕业生的表现如实地呈现给用人单位。

2. 公正推荐

高校在推荐毕业生的时候应该本着公平、公正的原则，不可以偏袒一些学生贬低一些学生，否则就是严重侵犯了高校毕业生公正推荐的权利。高校应该为每一位毕业生都提供同等的就业机会，让其公平竞争。

3. 择优推荐

高校在推荐高校毕业生的时候可以适当择优推荐。所谓的择优推荐指的就是高校在向用人单位推荐高校毕业生时可以在公平、公正的基础上，对于在校表现非常优异的毕业生进行优先推荐，而用人单位在对人才进行选拔的时候也应该择优录用，从而做到“人尽其才”。这样做不仅可以让用人单位录用到更优秀的人才，同时也有利于激发学生的自我积极性。

（四）选择权

我国早就做出了相关规定，高校毕业生需要在国家就业方针与政策的指引下进行自主择业。用人单位在有选择性地录用人才的同时，高校毕业生也有自主选择工作岗位的权利，学生在进行自主择业的时候，学校与用人单位不得干涉。任何人、任何单位不得强迫高校毕业生到本单位进行就业，都应该尊重毕业生的就业意愿，不得侵犯高校毕业生的自主选择权。高校毕业生可以根据自身的条件与专业能力和用人单位签订合同，以保护自身的合法权益。

（五）公平待遇权

用人单位在对高校毕业生进行录用时应该本着公平、公正与一视同仁的原则，不得以各种理由歧视高校毕业生。但是就目前用人单位对人才的录用情况来看，还是存在缺乏公平、公正的现象，完全公平与开放的就业环境还有待形成。比如用人单位会因为女生的各种限制条件而拒绝录用女性毕业生，造成一些女生在毕业之后找工作较为困难。

（六）违约及求偿权

三方协议是刚刚毕业的高校大学生择业权利的保障，三方主要指的是学校、用人单位和高校毕业生本人，三者一旦签订协议就具有了法律效力，任何一方不得随意毁约。在签订三方协议之后，如果用人单位无故毁约，那么高校毕业生就有权要求对方按照协议进行赔偿，要求用人单位承担违约责任。

二、大学生就业法律保障

为了使高校毕业生在毕业之后能够顺利地择业、就业，我国政府近几年来陆续出台了很多政策法规，以保障我国高校毕业生择业与就业的权利。这些就业法规与政策主要有三种类型：第一，教育部及有关部委关于毕业生就业的规范，如《普通高等学校毕业生就业暂行规定》；第二，各地方就业主管部门根据本地方实际情况出台的有关毕业生就业的规范性文件，用于规范指导本地方的毕业生就业；第三，高等学校结合学校实际，根据国家的就业方针、政策和规定以及主管部门工作意见制定的本校毕业生就业工作实施办法、细则。

（一）就业协议的法律性质

1．就业协议的内涵及特征

所谓的就业协议指的就是高校、用人单位和高校毕业生三者的权利与义务的书面呈现。就业协议可以使高校大学生的就业权利得到有效保护，对于刚踏入社会的高校大学生来说，就业协议无疑是有重要作用的。就业协议是以毕业生所在的高校为推荐人，由毕业生与用人单位签订的就业意向协议，这一协议明确规定了高校、用人单位和高校毕业生三者所享受的权利与应该履行的义务。就业协议具有法律效力，具有强制性特点，用人单位如果要录用某一高校毕业生就必须与该生签订就业协议。就业协议有着鲜明的法律特征，其主要有以下几个方面的内容。

（1）主体。就业协议中的主体是学校、用人单位与高校毕业生，在这三者中，高校也是协议签订方之一。就业协议对用人单位的性质并不做要求，它适用于所有合法、正规的企业、公司等。

（2）内容。就业协议的内容除了规定高校、用人单位和高校毕业生三方的权利与义务之外，还包括毕业生的个人基本情况，这一基本情况必须是真实的，不可以蓄意隐瞒，也不可以无中生有。用人单位在录用毕业生的时候也会参考就业协议上毕业生的在校表现，因此就业协议上的内容必须是真实、有效的。高校毕业生在与用人单位签订就业协议之后应该将其中的一份留在学校，学校用来做毕业生就业情况统计。需要指出的是，就业协议中规定的权利与义务只适用于毕业生就业过程，而对于毕业生在具体工作中所享有的权利与义务没有做出规定。

（3）合同类型。就业协议是高校毕业生和用人单位之间签订的一份意向协议，其同样适用于《中华人民共和国合同法》。就业协议一经签订就具有了法律效力，任何一方不得随意毁约，否则需要承担相应的法律责任，其对毕业生和用人单位都起到约束的作用。

另外，高校毕业生需要知道，一般情况下，就业协议是由我国教育部或各省、市、自治区就业主管部门统一制定的。

2. 就业协议的主要内容

（1）高校毕业生在择业的时候应该按照国家的相关法律、法规，实事求是地向用人单位介绍自己的情况，包括个人的基本情况、专业技能等方面，向用人单位及时阐明自己的工作意向，不得隐瞒。与此同时，如果毕业生和用人单位签订了就业合同，那么毕业生需要按照规定到用人单位进行报到，如果不能及时报到需要向用人单位说明情况并征得用人单位的同意。

（2）用人单位在面试毕业生的时候应该如实介绍自己单位的情况，不得蓄意隐瞒事实，与此同时，用人单位还需要及时了解毕业生的工作意图，以免造成刚入职就离职的情况。同时用人单位还要做好对毕业生的接收工作。

（3）学校也有责任让用人单位了解学生的实际情况，不得一味地追求学校的就业率而隐瞒学生在校的真实表现，从而误导用人单位。如果用人单位同意录用某一毕业生，那么经过学校审核之后就可以报请就业管理部门进行批准，派遣手续则是由高校统一办理。各方在签订就业合同之后不得违约，否则需要承担相应的违约责任。

3．就业协议的订立

（1）签订就业协议的原则。所谓的就业协议订立原则指的就是高校、用人单位和毕业生在签订就业协议时必须遵守的基本准则。

①主体合法原则。签订就业协议的当事人必须具备合法的主体资格。具体来说就是，高校毕业生在签订就业协议的时候必须取得相应的毕业资格，如果高校毕业生在正式派遣时没能取得毕业资格，那么用人单位就可以不接收该学生，并且用人单位不需要承担法律规定的违约责任；用人单位必须具备从事各项经营、管理活动的能力，用人单位需要有相应的录用计划和自主录用权，否则高校毕业生就可以自主解除就业合同，并且毕业生不需要承担法律规定的违约责任；高校需要如实向用人单位介绍毕业生情况，同时也应该如实向学生阐明用人单位的情况，高校是用人单位与高校毕业生交流的重要桥梁，在毕业生就业过程中发挥着重要的作用。

②平等协商原则。高校、用人单位和毕业生在签订就业合同的时候，三者的法律地位是完全平等的，任何一方都没有权利强迫另一方做对方不愿意做的决定。高校也不应该利用不正当手段强迫学生到指定单位进行就业（这里不包括有特殊情况的毕业生）。与此同时，用人单位在和毕业生签订就业协议时不应该过分地要求毕业生交高额的风险金和保证金。三方在法律地位上是平等的，在享受权利与履行义务方面也是平等的。如果三方在签订就业协议时需要注明补充事项的话，三方可以在协议的“备注”中进行补充，需要注意的是“备注”需要在订立就业协议之前补充，否则无效。

（2）签订就业协议的步骤。就业协议在签订的过程中一般要经历两个步骤，即要约和承诺。

①要约。毕业生持学校统一印制的就业推荐表或复印件参加各地供需洽谈会（人才市场）进行双向选择，或向各用人单位寄发书面材料，这一书面材料应被视为要约邀请；用人单位收到毕业生材料并对毕业生进行考察之后，表示同意接收并将回执寄到高校毕业生的就业工作部门或毕业生本人手中，即为要约。

②承诺。毕业生收到用人单位回执或通过其他方式得到用人单位答复后，从中做出选择并到学校毕业生就业工作部门领取就业协议书，与用人单位签订协议，即为承诺。

高校毕业生择业与就业实际上是一个非常复杂的过程，很多时候都难以明确区分要约和承诺两个步骤。比如某一高校毕业生参加了公务员考试，笔试通过之后进入面试，然后到具体单位参加面试、体检等，用人单位再对该毕业生进行政审，一直到最后表示同意该毕业生进入单位参加工作，这个时候高校毕业生就不能再接受其他单位，在这一过程中就实现了要约和承诺两个步骤，但是这两个步骤没有清晰的分界线。

（3）签订就业协议的程序。高校毕业生与用人单位签订就业协议的程序一般需要四个方面的内容。

①高校毕业生经过层层选拔最终与用人单位达成协议之后就需要分别在就业协议书上签名盖章，这个时候用人单位需要在就业协议书上标明毕业生报到的具体单位名称和地址。

②就业协议签订之后需要用人单位的上级主管部门进行批准盖章。

③用人单位在与高校毕业生签订就业协议之后需要在十个工作日之内将签订好的就业协议送到学校主管学生就业的部门。

④学校拿到就业协议之后盖章，然后再将就业协议书反馈给用人单位。

4．无效协议

无效协议指的是缺乏有效要件或者在违反就业协议订立原则的基础上签订的就业协议，这种情况下签订的就业协议不产生任何法律效力。需要注意的是，无效协议从签订的那一天起即为无效。

（1）就业协议如果只是用人单位与毕业生签订的，而未经学校同意，那么这样的就业协议就是无效的。比如毕业生在签订就业协议的时候未发现对自己有不公平之处，但是学校在审查的过程中发现了这一问题，那么学校可以不予认同，这样的就业协议就是无效的。

（2）采取欺骗等其他的违法手段所签订的就业协议不具有法律效力。比如用人单位在与高校毕业生签订协议时没有实事求是地向毕业生介绍单位情况，或者在单位没有录用计划的前提下和毕业生签订就业协议，那么这种协议就是无效的。无效协议所产生的法律责任需要由责任方自行承担。

5．就业协议的解除

就业协议的解除主要有两种形式，即单方解除和三方解除。

（1）单方解除。单方解除主要有两种形式，一是单方擅自解除；二单方依法或依协议解除。如果是单方擅自解除协议，那么这种行为就是违约行为，这个时候协议所产生的违约责任应该由解约方承担。单方依法或依协议解除指的是三方中的一方在解除就业协议时有一定的法律依据或者协议依据。比如某高校大学生在未取得毕业资格的情况下与用人单位签订协议，那么用人单位有权单方解除就业协议；高校毕业生在与就业单位签订就业协议之后又考取了研究生，那么毕业生有权单方解除就业协议；上述情况下的单方解除协议，解除方不需要承担相应的法律责任。

（2）三方解除。三方解除协议指的是高校毕业生、用人单位和学校三方经过协商一致同意解除协议，从而使协议不发生法律效力。这种三方解除协议由于是三者在共同商议下一致决定的，因此三方中不需要任何一方承担法律责任。如果三方要解除协议，就需要在将协议上报给用人单位主管部门之前进行解除，如果三方解除协议发生在就业派遣计划下达之后，那么协议的解除还需要经过主管部门批准办理调整改派。

6．就业协议的违约责任及影响

就业协议经过毕业生、用人单位和学校三方签署之后就具有了一定的法律效力，具有了法律效力的就业协议书会对毕业生和用人单位产生约束力，这两方中的任何一方都不能擅自解除就业协议，否则擅自解除方需要承担全部的违约责任。从生活实际中看，擅自解除就业协议的多为高校毕业生。如果是毕业生违约，那么他就要承担相应的违约责任，向用人单位支付违约金。不仅如此，毕业生违约还会产生一些不良影响，这些不良影响主要表现在用人单位、学校和其他毕业生几个方面。

（1）就用人单位而言。用人单位往往为录用毕业生做了大量的工作，有的甚至对毕业生将要从事的具体工作也做出了具体的安排。同时毕业生就业工作时间相对比较集中，一旦毕业生因某种原因违约，势必使用人单位的录用工作付之东流，用人单位若要重新选择其他毕业生，在时间上也不允许，因此，毕业生的违约会给用人单位的工作造成被动。

（2）就学校而言。用人单位往往将毕业生违约行为归结为学校的责任，从而影响到学校和用人单位之间的合作关系。用人单位由于毕业生存在违约现象，会对学校的推荐工作表示怀疑。从历年情况来看，一旦某校毕业生违约，该用人单位会在几年之内不愿到该学校去挑选毕业生。面对激烈的就业竞争，用人单位的需求就是毕业生择业成功的前提，如此下去，必定影响今后学校的毕业生就业工作，同时也会影响学校就业计划方案的制订和上报，影响学校的正常派遣工作。

（3）就其他毕业生而言。用人单位到校挑选毕业生，一旦与某毕业生签订就业协议，就不可能再录用其他毕业生。若日后该毕业生违约，有些当初希望到该用人单位工作的其他毕业生由于录用时间等原因，也无法补缺，从而造成就业信息的浪费。

综上所述，高校毕业生在择业与就业时一定要慎重，尽量不要发生违约的行为。

（二）劳动合同的法律性质

1. 劳动合同的内涵界定

与就业协议不同，劳动合同一般是由毕业生和与用人单位双方签订的，这一合同的作用在于确立劳动关系，明确签署双方的权利与义务。

2. 劳动合同的必备条款

我国相关法律规定，劳动合同必须以书面的形式进行订立，并且合同中还需要有以下七个方面的条款。

（1）劳动合同的期限。劳动合同的期限指的是劳动合同从签署之日到合同终结之日的这一段时间。从目前我国的劳动合同期限来看，主要有三种形式：即固定期限、无固定期限、以完成一定的工作为期限。需要注意的是，固定期限的劳动合同要求用人单位必须明确合同的签署日期和终结日期；应聘者在签订劳动合同时有一定的自主权，即使已经在某一个单位工作了十年之久，其工作人员同样可以要求和用人单位签订无固定期限的劳动合同。需要注意的是，无固定期限的劳动合同需要用人单位对劳动合同的开始期限及终止条件进行明确。

（2）工作内容。工作内容指的是工作者所从事的工作和占据的工作岗位。在签订劳动合同时要求用人单位注明工作职位和具体岗位，以做到定岗定位。

（3）劳动保护和劳动条件。现实生活中，有很多高校毕业生在签署劳动合同时都不太注意劳动保护和劳动条件这一部分，事实上这一部分是劳动合同中非常重要的部分，同时也是内容最广泛的，其几乎涵盖了半部《中华人民共和国劳动法》。所以，劳动者，尤其是刚刚毕业的高校大学生应该尤其注意这一部分，在签订劳动合同时仔细阅读。

（4）劳动报酬。劳动合同上应该标明劳动报酬的具体数额，如果不是具体数额也可以是具体的劳动报酬计算方法及支付日期，同时用人单位还需要向劳动者说明这一劳动报酬是税前还是税后。

（5）劳动纪律。对于劳动纪律这一方面，劳动法中还没有做出过多的规定。劳动合同中的规定通常都是一般性规定。劳动纪律这一方面的内容通常都反映在企业内部的规章制度中，劳动者在工作之前应该提前对这一内容有所了解，因为劳动者在日后的辞职或者解聘中会涉及这一方面的内容。

（6）劳动合同终止的条件。劳动合同终止的条件不是随意提出的，而是要以我国相关的法律法规为依据进行订立，对于那些不符合劳动法律规定的合同终止通常都是无效的。在现实中，有的用人单位会把法律规定的劳动合同解除条件约定为劳动合同终止条件，从而尽量不承担因为合同终止而带来的补偿责任，这种劳动合同终止条件的约定是不符合法律规定的，是违法行为，即使约定了也是无效的。

（7）违反劳动合同的责任。违反了劳动合同通常都需要违约方赔偿一定的违约金，劳动合同中对劳动者违约金的约定只有两种类型，一种是违反服务期的约定；另一种是违反保守商业秘密的约定。除了上述两种类型之外，其他的约定都可以看作无效约定。

上述提到的七个条款是劳动合同产生法律效力的法定要件，缺一不可。劳动者需要注意的是，劳动合同无效并不代表劳动关系无效。即使劳动合同在形式上有一定的不足和缺陷，但是只要劳动者与工作单位有劳动关系，劳动者的合法权益同样是受到法律保护的。除了上述七项条款之外，劳动者还可以与用人单位商议约定其他的内容，只要双方达成一致。

（三）就业协议与劳动合同的异同

高校毕业生初次找工作，可能对劳动合同不太熟悉，因此很多人会把就业协议和劳动合同混淆。劳动合同是高校毕业生和用人单位签订的，其目的是用来确立劳动关系，明确用人单位和高校毕业生双方的权利与义务。就业协议和劳动合同相似的一点是二者在本质上都是契约，但是二者是完全不同的两个契约。二者分别适用于不同的法律，法律效力有所不同，二者在各自的领域发挥着各自的作用。

1．就业协议与劳动合同的联系

就业协议与劳动合同都是用人单位在录用毕业生时签订的书面协议，二者有一定的联系，其具体表现有四个方面。

（1）就业协议一般都是高校毕业生在离开学校之前签订的，这一协议签订过程学校也参与了进来，就业协议的签订是毕业生就业计划方案和毕业生派遣的重要依据。劳动合同是为了明确用人单位与高校毕业生二者在工作中的权利和义务而签订的，劳动合同不牵扯到学校，学校也不是劳动合同签订的参与者。劳动合同对于参加工作后的毕业生来说非常重要，是劳动者从事何种工作、占据什么岗位以及享受何种权利、履行哪些义务的重要依据。

（2）就业协议中所涉及的内容主要有毕业生的自身情况、工作意愿等，如果用人单位同意接收毕业生，学校也同意推荐毕业生到该用人单位工作，三方即可以达成协议，随后学校将毕业生列入就业计划进行派遣。劳动合同的内容更为丰富，其涉及劳动者的劳动报酬、劳动时间、工作内容等，其规定的内容会更加具体一些，对于权利与义务的规定也更加明确。因此，劳动合同是对就业协议做出的进一步的补充。

（3）通常情况下，高校毕业生先签订就业协议，然后再签订劳动合同。在签订劳动合同时，如果高校毕业生与用人单位经协商后达成了其他的一致意见，也可以将其写入就业协议，然后在订立劳动合同时再对这些协议上的内容有所反映，可以说，劳动合同是就业协议的再现和补充。

（4）就业协议通常指的是高校毕业生与用人单位对毕业生就业意向的初步确定。就业协议的签订表明毕业生和用人单位对彼此条件的大体认可，签订就业协议之后需要上报给用人单位的上级部门进行审核、批准并签字，经过三方签字盖章之后的协议即具有了法律效力。用人单位在与毕业生签订就业协议之后就可以着手拟定劳动合同，待毕业生正式报到的时候与毕业生及时签订。因此，对于高校毕业生来说，签订就业协议是签订劳动合同的前提。

2. 就业协议与劳动合同的区别

就业协议与劳动合同有着多方面的区别，其主要表现在以下四个方面。

（1）主体不同。就业协议适用于应届毕业生与用人单位、学校三方之间，学校是就业协议的签订方之一，就业协议对用人单位的性质没有规定，适用于任何单位；而劳动合同只适用于劳动者（含应届毕业生）与用人单位（不含公务员单位和比照实行公务员制度的社会团体以及军队系统）之间，与学校无关。

（2）内容不同。就业协议的内容主要是毕业生如实介绍自身情况，并表示愿意到用人单位就业，用人单位表示同意接收该毕业生，学校同意推荐该毕业生，列入就业方案并纳入就业情况统计，它不涉及毕业生在具体工作中所享有的权利义务。而劳动合同涉及劳动报酬、劳动保护、工作内容、劳动纪律等，劳动权利义务关系更为明确。

（3）签订时间不同。一般而言，就业协议签订在先，劳动合同往往在毕业生到用人单位报到后才签订。因为二者签订时序不同，容易导致内容条款上的不一致，从而引发纠纷。

（4）法律适用不同。就业协议适用于《中华人民共和国合同法》，劳动合同适用于《中华人民共和国劳动法》。

三、大学生求职陷阱防范

从现实情况来看，我国当前的就业市场还不够完善，高校毕业生由于刚进入工作单位，所以维权意识比较淡薄，此外有时还会出现监管乏力的现象，这些都导致一些用人单位在用人方面存在就业歧视、弄虚作假、收取押金和侵犯隐私等现象。

（一）常见的求职陷阱

1．高薪陷阱

从现实情况来看，有很多用人单位在对外发布招聘信息时，通常都将高薪作为诱饵，以此来吸引更多的大学生前去面试。但是当毕业生正式上岗之后才发现自己的报酬并不像用人单位说的那样，用人单位会寻找各种理由回避这个问题。

2．协议陷阱

就业协议对高校毕业生和用人单位都具有一定的约束力。按照有关规定，就业协议并不能代替劳动合同或聘用合同。高校毕业生在签订就业协议时通常会遇到以下几种陷阱：用人单位只是愿意录用毕业生但是并不与毕业生签订就业协议书；用人单位与毕业生签订就业协议之后就不再签订劳动合同；用人单位不愿意将对毕业生做出的承诺写入劳动合同中；用人单位不遵循毕业生的意愿，强行与毕业生签订“霸王合同”。签订“霸王合同”是指大学生在择业与就业时因为种种原因而不敢对可能会使自己权益受损的条款提出异议，甚至在签订协议时用人单位会添加无理条款，而大学生由于害怕找不到工作而被迫同意。

3．试用期陷阱

试用期实际上就是劳动关系的试验阶段，指的是用人单位和劳动者为了对彼此有更多的了解而约定的考察期。在试用期内，用人单位会对劳动者的工作能力进行考察，而劳动者也会对用人单位的情况进行了解考察，其实质上是用人单位与毕业生双方互试的过程。但是现在有很多用人单位拿试用期哄骗毕业生，主要表现在以下几个方面：用人单位规定的试用期时间太长，或者和劳动合同规定的期限不相符合；用人单位要求如果毕业生在试用期内离开的话就要承担违约责任；试用期内，用人单位无故辞退毕业生；直接用见习期代替试用期；与毕业生强行约定实行两个试用期；在与劳动者续签劳动合同时依然为劳动者设定试用期；试用期的工资比当地的最低工资标准低。

4．剽窃陷阱

有一些公司要求应聘者在应聘时设计一些程序或者广告等，以此来考察求职者的能力，但实际上是借此将求职者的作品占为己有。

5．收费陷阱

收费陷阱实际上在生活中很常见，它是用人单位借助面试的幌子向面试者收取押金、保证金、培训费等。有一些高校毕业生由于着急找工作就缺失了辨别能力，向用人单位交纳了一定金额的各种费用。

6．劳务陷阱

高校大学生在求职的时候，看到招聘单位招的是合同制员工，但是在被正式录用之后却发现自己变成了“劳务工”或“派遣工”。

（二）求职陷阱的防范

高校大学生在对求职陷阱有了一定的了解之后，接下来的防范就简单很多了。这些求职陷阱实际上还是比较容易辨别的，只要求职者保持足够的警惕。对于求职陷阱的防范主要有以下两个层面。

1．学校层面

（1）加强就业政策宣传教育。高校主管大学生就业的部门应该及时向大学生普及这些求职陷阱，帮助大学生认清当前严峻而复杂的就业形势，同时向大学生普及国家最新的就业政策和法规。

（2）多向学生介绍防范求职陷阱的知识。刚刚走出大学校门的高校毕业生难免稚嫩，社会经验明显不足，做事通常缺乏谨慎的考虑，对求职陷阱的辨别可能存在一定的困难。高校应该加强大学生的求职陷阱防范意识，对高校大学生进行及时的陷阱防范教育。与此同时，高校需要向学生普及正规的招聘信息网站，拓宽高校大学生获取就业信息的渠道，并且教会学生能够根据自身的专业能力对公司进行可信度辨别，到公司应聘时要及时咨询自己不懂或者不确定的问题，不要被用人单位表面华丽的说辞迷惑。

2. 学生层面

（1）端正就业心态。首先，高校大学生在校期间一定要用心学习，努力掌握专业知识，培养自身的专业技能，提升自身的工作综合能力，为以后踏入社会找工作打下坚实的基础；其次，高校大学生不要抱有侥幸心理，要始终相信“一分耕耘，一分收获”，不要相信不劳而获的谎言，不要轻易相信用人单位所谓的高工资、高待遇、挣钱快等消息，高校大学生要始终坚信，好的事物都是自己奋斗得来的；最后，高校大学生对自己要有一个清晰而且全面的认知，了解自己适合做什么工作，自己的工作能力是怎么样的，不要被别人的“甜言蜜语”迷惑，不要轻信别人。

（2）不断增强法律意识。高校大学生无论是在校还是步入社会都要不断地学习相关法律知识，比如《中华人民共和国劳动法》《中华人民共和国合同法》等，因为这些法律与我们的工作、生活息息相关，高校大学生在步入工作之后应该学会维护自身的合法权益，提高辨别不法行为的能力；除此之外，高校大学生应该树立法律意识和自我保护意识，遇到不合法的侵权行为一定要善于使用法律保护自己，不给违法分子以可乘之机。

四、大学生就业权益保护方法

高校毕业生从择业到就业的过程是比较复杂的，在这一过程中，毕业生需要参加用人单位的双选会、与用人单位进行面谈、与用人单位签订协议、报到就业等，因此对于高校毕业生合法权益的保护是比较重要的。

虽然国家相关部门对高校毕业生的合法权益进行了保护，但是在实际生活中依然有侵犯毕业生合法权益现象出现。高校毕业生在择业与就业的过程中需要加强自我保护意识，可以通过以下途径对自己的合法权益进行保护。

第一，毕业生应了解目前国家关于毕业生就业的有关方针政策和规范以及它们之间的关系，熟悉毕业生在就业过程中的权利和义务，这是毕业生权益自我保护的前提。如果在就业过程中因为所谓的公司规定或部门规定与国家政策法规有抵触，侵犯了自己的权益，则可以依据法规办事，维护自己的合法权益。

第二，毕业生应自觉遵循有关就业规范，接受制约，保证自己的就业行为不违反就业规范，不侵犯其他毕业生的合法权益。毕业生如有下列情形之一的，由学校报地方主管毕业生调配的部门批准，不再负责其就业，在其向学校缴纳全部培养费和奖/助学金后，由学校将其学籍和档案转至生源地，按社会待业人员处理：第一，不顾国家需要，坚持个人无理要求，经多方教育仍拒不改正；第二，自派遣之日起，无正当理由超过三个月不去就业单位报到；第三，报到后拒不服从安排或无理要求被用人单位退回的；第四，其他违反毕业生就业规定的。

第三，在用人单位接收毕业生的过程中，毕业生也应对自身权益进行保护。如按照国家规定，毕业生在报到后应享受正常的福利待遇，如缴纳养老金、公积金等；对某些工作岗位的特殊体质要求，用人单位应在与毕业生双向选择时就明确，否则不得以单位体检不合格为由而将学生退回学校；正常的人才流动应根据国家和当地的有关人才流动规定，不应受到限制；报到后毕业生发生疾病不能坚持正常工作的，则按单位在职人员有关规定处理，不能退回学校。总之，毕业生应对自己的权利有正确认识。

第四，毕业生应学会运用法律手段维护自身的合法权益。针对侵犯自身就业权益的行为，毕业生有权向用人单位上级主管部门和学校进行申诉并听取他们的处理意见，同时也可提交给当地的劳动争议仲裁机构进行调解和仲裁，也可以直接向人民法院提起诉讼。

第六章　大学生就业素质能力提升

第一节　职业素质培养

一、职业素质的内涵及基本要求

职业素质是劳动者对社会职业的了解程度与适应能力的一种综合体现，其主要表现在职业兴趣、职业能力、职业个性及职业情况等方面。影响和制约职业素质的因素有很多，主要包括：受教育程度、实践经验、社会环境、工作经历以及自身的一些基本情况（如身体状况等）。

（一）从事科研型职业的素质要求

关于科研型职业，一般包括自然科学研究和社会科学研究两大类。科研工作是一种创造性劳动，科研人员应该具备以创造力为核心的知识结构，即具备宽厚扎实的基础知识和外语交流能力；既有专长又有渊博的知识，达到专与博的有效结合；具备创造力、熟练的基本技能、理论理解力及应用判断力以及将其融会贯通、协调结合的能力；具备独立思考、勤于实践、不怕挫折的良好心理素质。

（二）从事管理型职业的素质要求

关于管理型职业，一般主要包括国民经济管理、企业管理、金融管理，财政管理、外贸管理、行政管理等。从事管理型职业的人员应具备的素质主要包括：能忠实贯彻国家的方针政策并能灵活运用，有高度的公仆意识；具备坚实的管理专业理论和实践知识，同时具有广博的自然知识和社会知识；具备一定的领导、组织协调和社交才能以及中外语言文字表达能力；具有健康的身体和充沛的精力，以应对千头万绪和千变万化的工作。

（三）从事事务型职业的素质要求

关于事务型职业，是指与组织机构内部日常的制度性、规范性、信息传播等有关的事务处理的职业活动。例如，打字员、档案管理员，办事员、秘书，图书管理员、法院书记等从事的便是事务型职业。事务型职业对从业者的素质要求，在知识方面侧重于基础文化知识，对于职业技术专业知识有较为具体的要求，如要求从业人员懂得统计、档案管理的知识，熟悉专门法规和规章条例等，一些涉外单位对外语也有较高的要求；在能力方面要求具有较强的社交能力、语言表达能力和办事能力等。事务型职业中不少岗位要求从业人员严守纪律、保守机密，有的还有礼仪方面的特殊要求。

（四）从事工程型职业的素质要求

关于工程型职业，主要是指工业、建筑业等行业的工程技术人员从事的职业。此行业人员要有不辞劳苦、艰苦奋斗的创业精神和严肃认真、一丝不苟的工作态度；要谦虚谨慎，深入工作第一线，能和同事密切合作；在牢固掌握专业知识的基础上，对相近专业的知识比较了解，并有较好的外语水平、计算机应用能力、语言表达能力和将理论应用于实践的能力。

（五）从事文化型职业的素质要求

关于文化型职业，一般指作家、服装设计师、音乐家、舞蹈家、摄影家、书画家、雕刻家、广告设计师等。文化型职业在知识和能力方面对从业者的素质要求：一是能博采众长和广泛涉猎；二是具有敏锐的观察力；三是具有丰富的想象力；四是具有坚强的毅力；五是具有得天独厚的艺术天赋；六是具有不断创新的精神。

（六）从事社会型职业的素质要求

社会型职业一般包括教育、救死扶伤、提供公共服务、协调人际关系、为人们提供生活便利等方面的工作。例如，教师、医生、律师、法官、广播电视工作者等社会公共事业服务人员从事的便是社会型职业。社会型职业要求从业人员在知识素质方面，具有基础的科学文化知识，尤其是具有广泛的知识面和职业要求的专门知识；在能力素质方面，有一定的理解能力、社会活动能力、组织协调能力、自身形象设计能力和文字表达能力等。

（七）其他素质要求

随着经济的全球化、人才竞争的国际化，中外语言的表达沟通能力和计算机操作使用技能已经成为从事各种职业类型所要具备的基本技能。

二、职业素质的特征及分类

（一）职业素质的特征

一般来说，职业素质具有下列一些主要特征。

1．职业性

不同的职业，职业素质是不同的。对建筑工人的素质要求，不同于对护士职业的素质要求；对商业服务人员的素质要求，不同于对教师职业的素质要求。例如，李素丽的职业素质始终是和她作为一名优秀的售票员联系在一起的，正如她所说："如果我能把十米车厢、三尺票台当成为人民服务的岗位，实实在在地去为社会作贡献，就能在服务中融入真情，为社会增添一份美好。即便有时自己有点烦心事，只要一上车，一见到乘客，就不烦了。"

2．稳定性

一个人的职业素质是在长期执业中日积月累形成的。它一旦形成，便产生相对的稳定性。比如，一位教师，经过三年五载的教学生涯，就逐渐形成了备课、讲课、热爱自己的学生、为人师表等一系列教师职业素质并保持相对的稳定。当然，随着他继续学习以及工作和环境的影响，这种素质还会继续提高。

3．内在性

一个从业人员在长期的职业活动中，经过学习、认识和亲身体验，清楚地知道怎样做是对的，怎样做是不对的。这样，有意识地内化、积淀和升华这一心理品质，就是职业素质的内在性。例如"把这件事情交给某某去做，肯定有把握，请放心"，人们之所以放心，就是因为他的内在素质好。

4．整体性

一个从业人员的职业素质是和他的整体素质有关的。我们说某某人职业素质好，不仅指他的思想政治素质、职业道德素质好，还包括他的科学文化素质、专业技能素质好，甚至还包括身体心理素质好。一个从业人员，虽然思想道德素质好，但科学文化素质、专业技能素质差，就不能说这个人整体素质好。相反，一个从业人员科学文化素质、专业技能素质都不错，但思想道德素质比较差，也不能说这个人整体素质好。

5．发展性

一个人的素质是通过教育、自身社会实践和社会影响逐步形成的，它具有相对性和稳定性。但是，随着社会发展对人们不断提出的要求，人们为了更好地适应、满足、促进社会发展的需要，总是不断地提高自己的素质，所以素质具有发展性。

（二）职业素质的分类

1．身体素质

身体素质指体质和健康（主要指生理）方面的素质。

2．心理素质

心理素质指认知、感知、记忆、想象、情感、意志、态度、个性特征（兴趣、能力、气质、性格、习惯）等方面的素质。很多知名企业都通过拓展训练来提高员工的心理素质以及团队信任关系。

3．政治素质

政治素质指政治立场、政治观点、政治信念与信仰等方面的素质。

4．道德素质

道德素质指道德认识、道德情感、道德意志、道德行为、道德修养、组织纪律观念方面的素质。

5．科技文化素质

科技文化素质指的是科学知识、技术知识、文化知识、文化修养方面的素质。

6．审美素质

审美素质指的是美感、审美意识、审美观、审美情趣、审美能力方面的素质。

7．专业素质

专业素质指专业知识、专业理论、专业技能、必要的组织管理能力等。

8．社会交往和适应素质

社会交往和适应素质主要是语言表达能力、社交活动能力、社会适应能力等。社交适应是后天培养的个人能力，是职业素质的核心之一，侧面反映个人能力。

9．学习和创新方面的素质

学习和创新方面的素质主要是学习能力、信息能力、创新意识、创新精神、创新能力、创业意识与创业能力等。学习和创新是个人价值的另一种形式，能体现个人的发展潜力以及对企业的价值。

三、职业素质构成

（一）思想道德素质

思想道德素质好比人的灵魂，是人的一切活动的主宰，决定着人的行动目的和方向。它是指人在一定的社会环境和教育的影响下，通过个体自身的认识和社会实践，在政治倾向、理想信仰、思想观念、道德情操等方面养成的比较稳定的品质。人的思想道德素质主要是通过后天教育，通过知识的“内化”养成并不断提高的。

在社会主义市场经济环境下，坚定正确的政治方向在思想道德素质中是第一位的。正确的政治方向是将来从事多种职业，为国家和集体多做贡献的重要动力。爱国主义、集体主义是驱动青年报效祖国、立志成才的巨大精神力量，青年大学生应把自己对祖国无限深切的爱全部倾注在工作中，艰苦创业，无私奉献，遵纪守法，为祖国的繁荣昌盛贡献一份力量。当代大学生具体应从以下几个方面加强自身的思想道德修养。

1．热爱祖国

热爱祖国是对祖国最真挚的感情，要树立国家观念，增强民族意识和民族自豪感，热爱祖国的山河、文化、人民以及悠久的历史和优良的传统，了解社会主义建设的伟大成就，树立为祖国建设奉献毕生精力的信念。

2．发扬集体主义精神

一切以集体利益为出发点，坚持集体利益高于个人利益，个人利益服从集体利益，在维护集体利益的前提下，把集体利益和个人利益结合起来，培养团队精神和合作品质。

3．培养良好的职业道德

职业道德是一个历史范畴。职业道德是社会道德的有机组成部分，是社会道德原则和道德规范在职业生活中的具体表现。它包括职业态度，职业道德修养水平等。社会主义职业道德是每个劳动者在职业活动中必须遵循的行为规范，其核心是为人民服务。社会主义职业道德规范的具体要求是：诚实守信，爱岗敬业，服务群众，奉献社会。一个人只有具备一定的道德修养，才能在职业活动中，刻苦钻研业务，提高技能，讲究信誉，忠实地履行岗位职责。

（二）科学文化素质

科学文化素质是指人们对自然、社会、思维、科学知识等人类文化成果的认识和掌握的程度。它包括：科学精神、求知欲望和创新意识。科学精神就是从实际出发，按事物发展规律办事，不迷信、不盲从、不附和，以客观事实为依据，概括地说就是实事求是。21 世纪是信息技术、生物技术、新材料新能源技术、空间技术和海洋开发技术发展的全新时代，这是迄今为止科技发展和社会发展史上规模最大、发展最快、影响最深的科技革命时代。

由于知识更新加快，我们在学校所学的部分知识已远不能适应社会经济发展的需要，因此，大学生应在实践中不断学习先进的文化专业知识，拓宽知识面，提高自己的文化专业知识素质，以适应形势发展的需要。学生在学习科学知识，进行实验研究时要一丝不苟，精益求精。现代科学研究需要依靠集体的力量，它要求参与者应具有团结协作、严守纪律、严肃认真和执着追求的工作态度，我们在学习和工作过程中应注意这种精神的培养。

科学文化素质不仅影响着人们的生活质量，也影响着人的思想观念和价值标准。科学文化素质是职业素质的基础。如果不掌握一定的科学文化知识和构建合理的专业知识结构，就不可能拥有过硬的职业素质。

（三）技术技能素质

技术技能素质是指任职者从事某种专门职业所必须具备的智力技能和操作技能。操作技能与智力技能统一存在于人的实践活动中，两者既有区别，又有联系，并可相互转化。所谓智力技能，是指借助言语在头脑中进行的智力活动的方式，如阅读、心算、解题、作文等方面的技能。所谓操作技能，又叫动作技能，指书写、打字、演奏乐器、使用生产工具等，当这些动作以完善合理的方式组织起来，并近于自动化时，就会成为动作技能。

掌握技术技能，是就业的基本条件，也是开发智力、培养能力、在本职岗位上做出贡献的需要。专业技术技能的形成不仅是领会、巩固和应用知识的重要条件，而且对于人的智能的发展，特别是职业活动中所需的独立工作能力和创造力的发展，具有极大的促进作用。技术技能在一定程度上决定了就业者在本职岗位做出贡献的程度。因此，要使自己能在职业活动中为社会做出更大的贡献，就必须掌握一定的技术技能。

（四）生理、心理素质

在市场经济体制和高新技术飞速发展的新形势下，我们不仅要学好基础知识，掌握特定的专业技能，还要有强壮的体魄和健康的心理，只有这样，才能在竞争激烈的市场中脱颖而出，在未来的工作岗位上出类拔萃。积极健康的情感，使人思路开阔，思维敏捷，有利于我们适应社会；意志是人类所特有的心理现象，能经受挫折，有坚强的意志是成就事业的柱石。

一般来说，心理素质的好坏体现在心理状态的正常与否、个体心理品质的优劣、心理能力的强弱等方面，体现在个体行为习惯和社会适应状态之中。身心素质是从事职业活动的重要条件，是成就事业的基础。因此，学生在校期间要积极参加各项有益身心健康发展的体育锻炼和社会活动，不断提高自己的身心素质。当今社会生活节奏快，工作压力大，我们特别要注意培养健康的情感和坚强的意志。

第二节　职业能力提升

一、养成良好的职业习惯

对于刚刚毕业的大学生而言，是否能够培养出良好的职业习惯以及较高的职业素养是其能否在职场生存发展的根本。

（一）职业资源管理——保证长远发展

1. 职业资源管理及其重要性

职业资源管理是指对工作中积累的重要资源进行管理，主要是指信息资源和人脉资源，这些资源将会对日常工作产生巨大的支持作用，资源是否充分将影响到未来职业生涯发展能否顺畅。信息资源是指在工作中收集的有关信息、积累的经验、学习到的知识等；人脉资源简单来说就是职场生涯的人际关系网络，包括业务关系、工作关系、朋友关系等。职业资源管理就是对这些资源本身以及与其相关的资源如设备、设施、技术、资金、信息、人员等进行管理和储存备用的过程。

对职业资源进行管理是极为重要的。它可以帮助整合能够利用的所有人力、物力、财力等，并且在整合的过程中得到新的利好信息，再次服务于工作。在这个信息发达的时代，拥有无限发达的信息，就拥有无限发展的可能性，事业发展的平台就越广阔。大学生对职业资源进行管理是职业生涯初期的储备工作，对于职场新人来说，无论选择怎样的职业发展方向，职业资源支撑都是职业发展的丰厚财富。在工作中熟悉工作流程，学习核心业务，熟悉行业特点，获得行业信息；与领导、客户、同事甚至是对手建立良好的人际关系都是资源管理的过程。

2. 获取职业资源的方式

（1）扩大工作接触面。想要获得更多的职业资源，就必须扩大自己的工作与生活接触面，这就需要在工作中做出成绩，获得更多的机会和认可，才有机会获得更多的资源，而资源逐步丰富也可以促进未来工作的开展。

（2）从身边获取资源。职场新人在工作初期一般是在模仿中成长的，其大部分工作都是模仿重复，强调工作效率，而不是创新，因此应该抓住身边的几个重要人物，从他们身上开发资源的渠道。首先，要抓住工作中的"师傅"或直接上级，他能教给新员工实际的技能、工作经验与事半功倍的技巧；同时，直接上级与员工既是上下级关系，也是服务关系，从某种意义上说直接上级是在为员工服务，他有责任帮助员工获得最多的、最直接的资源，因此，应该懂得沟通，懂得向上级获得资源帮助。其次，同事是工作中的有效资源，新员工在获得同事帮助的同时，也进行了感情的沟通。最后，客户是最容易忽视的资源渠道，有了客户的帮助不仅可以使工作更具有针对性，也可以更多地掌握市场动向。

（3）自我分析捕捉。新员工在工作过程中要培养捕捉信息的意识，提高对信息和资源的敏锐度，以及处理信息的分析、分类、汇总的能力，通过分析工作交流信息、网络信息、行业相关报纸和杂志信息，捕捉更多的信息资源，从而更多地了解行业动态，知道行业中的前沿科技、新产品、新市场。这些信息都可以作为不断完善自我、改进工作方式的参考。

3．进行有效的职业资源管理

进行有效的资源管理必须采用积极主动的态度。

（1）多沟通。沟通是认识和利用职业资源的过程，只有有效地沟通，才能与资源取得更直接、更深入的联系。

（2）多思考。在工作过程中，勤于思考不但可以有效规划和利用已有资源，还能够因此发现新的资源。

（3）多动手。建立自己的职业资源库，信息资源要进行分析、整理，人脉资源要把人按行业分类等。“好记性不如烂笔头”，获得资源后如果不能及时记录并且分析整理，必将造成资源的丢失。

（4）多联系。主要是指人脉资源，信息资源主要是通过人脉资源获得的。保持联系是维系自己与人脉之间良好关系的重要手段。

（二）学习积累——保持职业青春

1．学习积累的重要性

如果说时间管理可以帮助职场新人高效地开展工作，资源管理可以使其不断地蓄积勃发的实力，那么学习积累就是保持职业青春的唯一法宝。

无论学习多么刻苦、知识多么渊博，在工作中总会遇到这样或那样的新情况、新矛盾、新问题，如果长期不总结自己、积累知识，也很难处理新矛盾，应对新变化。这就需要职场新人在工作中努力进行知识积累，养成良好的积累和总结、反思习惯，在总结中反思，在反思中积累。

工作中的学习，主要是对新的业务知识、经验教训等多方面内容的学习以及自身和同事实际经验的积累。当知识与经验储备达到一定的程度后，就会完善对事物的看法，转化成自身的智慧，提高职场新人应对新情况、解决新问题的能力。不要像大学时代一样只从书本上学习知识，要扩大自己的视野，在实践中发现更多的学习途径。如前文所述，不仅要向前辈学，向直接上级学，向同事学、向竞争对手学，还要向客户学。

2．学习积累的方法

懂得了学习积累的重要性，更要懂得科学、有效的学习积累方法，这对于快速提高个人能力和素质非常重要。在工作中可以运用以下几种简单的方法。

（1）进入角色。只有进入工作状态，真正做到务实、钻研、苦干，才能找准自己的位置，知道自己在做什么，该怎么做，从中获取有用的收获。

（2）做工作中的有心人。这说起来容易，做起来困难。其要求职场新人每遇到一件事时，都要尽量想到与之相关的方方面面的事情，每一件事都认真琢磨、仔细研究、用心对待。只有这样，才能做到事半功倍，举一反三。

（3）用脑工作而不是用手、用记忆工作。要在工作中勤于思考。不总结、不回顾、不思考则只能是盲目听从其他人的决定，只有在工作中思考，积累到的知识或经验才是真正属于自己的。思考还可以避免在工作中走弯路，可以在工作中不断得到启发。

（4）学会借鉴。要善于通过别人的成败确定自己的“ABC 规则”。在工作中，在日常生活中，无论是看书、读报、看电视、浏览网络，还是现实接触，总会有成功和失败的例子，应该学会分析和总结他们为什么成功，为什么失败。把从中得到的启示应用于自身，变成自己的生活规则、学习规则和工作规则。这样的学习和总结就是让别人的人生成为自己的试验品，以免再走弯路。

（5）善于倾听。善于倾听，得到别人的启发，会有“听君一席话，胜读十年书”的慨叹，这就是倾听的魅力。无论是听领导讲话、布置工作任务，还是参加讨论、沟通和交流，都不可左耳进右耳出，只有仔细分析揣摩，才会得到新的收获和启发。

（6）总结不足。敢于剖析自己，看到自己的差距和不足，这对毕业生认识自我是非常重要的。总结不足可以说是开展学习和积累的前提，是应该长期坚持的好习惯。

（三）换位思考——保证职业清醒

克鲁泡特金在《互助论》中证明，只有互助性强的生物群才能生存，对人类而言，换位思考是互助的前提。步入社会，首先强烈感受到的就是员工与单位、与所在团队是一个不可分割的利益共同体。从这个角度来看，员工必须站在单位的角度思考问题，努力实现公司的愿景、无条件地服从才能避免内耗，达到效率最高的执行力。站在单位的角度思考问题，首先要从领导的角度思考问题，与领导达成一致，这样就可以少走弯路、少犯错误，使自身能力最大限度的发挥。

现实中大部分工作是在与别人合作的情况下完成的，在工作的传递过程中，应该注意对上下环节负责，多站在共同合作的同事的立场进行思考。

例如，要考虑什么样的工作成果传递到他的手中对他来说是最有用的、最容易继续工作的。这种传递工作的方式不但帮助了别人，也会使自己获得相应的反馈。

有些工作的下一环节就是客户，如销售工作。这时就需要站在客户的角度想问题，既要全面，又要具体。客户不但是提供报酬和机遇的上帝，更是市场需要的直接反馈者，只有满足客户需求、市场需求，才更有利于公司事业的顺利进行。

二、把握细节、寻求发展

（一）精益求精、追求卓越——工作态度上的细节

工作态度是对工作所持有的评价与行为倾向，包括工作的认真度、责任度、努力程度等。

正确的工作态度应该是以永不满足现状的进取精神和一丝不苟、扎扎实实的工作作风，高标准、高质量、高效率地完成各项任务，不断取得优异的成绩，做出杰出的贡献。这种工作态度表现在很多方面。

1．精品意识

在工作中要有产品意识、服务意识，要有对产品受众负责的意识，在这种意识的推动下，无论做什么工作都要追求完美，精益求精，要让自己的工作结果都是精品，最大限度地体现自己的价值。

2．认真

工作认真除了不敷衍了事、马虎大意外，还要关注每个细节，从小事入手，把每项工作的每个环节都做精、做细、做到位，工作成果自然显而易见。

3．爱岗敬业，对自己的岗位有正确的认识

首先要有岗位荣誉感。任何岗位的设置都有它的理由，在单位中，无论从事的岗位多么低，都有其价值，应该认识到自己的岗位是不可取代的。其次要热爱自己的岗位，要把工作当作自己的第二信仰。因为工作是人生最大的主题，自身价值的实现全在于工作，因此职场新人有充分的理由热爱自己的岗位和职业。

4．自我完善

要认识到不仅要做好工作，还应该不断学习和创新，在自我成长的过

程中推动工作更好、更快地进行。工作没有最好，只有更好，应该以饱满的热情去发展自身，争取最好的业绩。

（二）做好每一个环节——工作流程上的细节

1．制订工作流程

做好每个环节是基于工作流程而言的。工作流程是指一项任务完成的工作步骤或行动的顺序。

每一项工作都不是一蹴而就的，都需要通过一个完整的过程来实现。在工作中，很多新人因为不懂得分解工作，不懂得把自己的工作按照流程逐步完成，因而感到工作毫无头绪、工作压力巨大。不过，即便懂得制作工作流程，但是若没有做到把每一个工作环节的成果踏踏实实地落到实处，也等于白费功夫。

2．如何做好每一个环节

做好每个环节不但是对自己的工作负责，也是对整个工作以及参与到这个工作中的上下环节负责。能否做好自己这一环节的工作将关系到全局的、整体的、团队的工作质量， 因此应该以负责任的态度切实做到以下要求。

（1）把握项目方向。无论自己在整个项目中处于哪一个环节，都必须熟悉整个项目，保证工作方向的正确性。

（2）制作工作流程表。无论工作多么细小，都要制作工作流程表，排定工作顺序，注明每一阶段的工作目标和工作标准，按工作目标和标准完成工作。

（3）做好工作传递。无论是上级传递到下级手中的工作，还是下级继续传递到下一环节，都必须做好沟通和记录，做到清晰明了、规范、彻底。

（4）不可盲目冒进。对刚参加工作的大学生而言，工作要按部就班，绝对不能求胜心切、耍小聪明，寻找所谓的捷径。例如，要完成一份公司产品的市场销售报告，就一定要到市场逐一调查落实，掌握第一手信息资料，不可只凭打几个电话、要几个数据就去编造报告。

（三）工作到位——工作执行上的细节

1．工作到位的重要意义

工作到位就是要保证自己的工作达到工作标准，切实达到令人满意的工作效果。工作到位是领导者对员工的要求，而作为优秀员工，更要时刻严格要求自己。如果每份工作都被自己打了折扣，总做“差不多先生”，累积起来形成的结果可能就是不及格，因为每一个被忽略的细节都有可能导致失败。有一个算式可以说明这个道理：

$$90\% \times 90\% \times 90\% \times 90\% \times 90\% = 59\%$$

2．工作到位的方法

要做到工作到位，首先要认识到位。要在自己的意识中给自己戴上“紧箍咒”，保持一种永不满足，永不懈怠的劲头。只要接受了工作，就要无条件地执行工作标准，这也是一个职业人的基本素质，任何借口的拖延都是懈怠的表现，因此在工作中应该注意保持自己的执行力和诚信度。

要做到工作到位，还要给工作树立明确的标杆，也就是明确的工作标准。工作标准的制定大多数时候是由单位根据以往经验及行业标准早已制定好的，但也可以根据具体情况与领导进行沟通，在必要处进行修改。一旦这个标准制定好，就必须按照工作标准的要求不打折扣、保质保量地完成工作。

（四）有效沟通——工作协调上的细节

有一家公司，老板让员工去拿复印纸。结果，员工跑了三趟，老板气了三次。老板感叹员工执行力太差了，员工心里埋怨老板连个任务都交代不清楚，只会支使下属白忙活。可见有效沟通的确是必要的。

有效的沟通是使工作流程畅通的最有效方法。IBM 有个编号 291111 名为“60 分钟里的 60 个点子”的内部文件，其中第 35 个点子就是敦促工作者要学会沟通。现代职场中，学会沟通，工作起来就能比别人轻松，当然也会比别人杰出。

三、及时充电、完善自我

职业生涯的发展充满坎坷，如果不能以积极、主动的态度学习，在就业后不断及时地进行自我充电、自我完善，是很难通过重重考验的。以下我们将讨论一些进行自我学习的途径和方法，帮助职场新人找到有效的学习方式。

（一）调适心理，适应新的学习方式

作为人生职业阶段的开始，底子薄、经验不足是职场新人的最大弱

点，必须尽快熟悉组织文化、了解组织管理、提升自身能力、积累知识与经验，才能扩展自我发展的空间。现代社会是一个生理寿命延长，知识寿命缩短的社会。大学时期学习到的专业知识约在五年内也会失去价值。而随着人类知识更新速度的加快，知识的衰退期也会大大缩短，因此必须不断地学习。

1．自主学习

要建立自主学习的意愿、态度，从心理上接受必须终身学习的现实。

大学毕业后，很多人会认为学习阶段到此画上句点，殊不知此时才刚刚开始。从时间上看，人的一生中在学校度过的时间只占 20%，而从事工作的时间、退休之后的晚年约占 70%，这个生命时间分布的简单数字说明了在工作、生活中学习的重要性。从内容上讲，学校教育传授的知识主要是基础性的，而且是非常有限的，无论是从广度上还是深度上都不可能完全满足现代社会中人们所应有的知识需求。在大学中学习的内容专业性强，对知识应用的训练比较少。社会则不同，在社会中学习专业知识只是一方面，更多的是学习工作能力及与自己职业方向或兴趣有关的其他知识，可以说学习的层面更广了。在大学时期，学习主要是靠导师的引导和自律，具有一定的被动性。而在社会中，学习不再有人引导或约束，完全靠自己的主动性。

因此，大学生在步入社会的初期，必须建立起终身学习的心态。

2．适应新的学习方式

职场新人要熟悉新的学习方式，获取多元的学习渠道，抓住一切机会学习。

（1）在实践中摸索着学。在实践中学习一般会经历以下几个阶段，每个阶段都需要掌握不同的学习方法。

第一阶段，浅薄期。刚刚工作时知识浅薄，不但会因此感到工作很累，也经常会感到没有时间学，更会因为自己的浅薄而失意。这一阶段的学习需要延续学生时代的学习习惯，抓住每一个学习机会，并把学到的知识用于实践，在工作中获取学习带来的成果，以鼓励自己继续学习。

第二阶段，模仿期。这一阶段不但要懂得理论，更要懂得原理和应用于实践的意义。学习在此时仍然是艰苦的，因为积累还不够丰厚，处于向周围同事学习的模仿期。但这一时期自信大大增强，达到了学习主动性比较强的时期，应利用这一阶段的学习特点，多向同事、领导、客户请教。

第三阶段，适应期。经过长期的自我学习约束，慢慢养成了在工作中学习的职业习惯，学习和工作都不再是一种负累。此时应该拓展自己的知识信息来源，进行多渠道学习。

第四阶段，发展期。此时，专业技能更加全面、熟练，工作经验更加丰富，呈稳定发展的态势。可以在工作中一边学一边思考，并尝试探索创新。

在以上的四个阶段中，应该让学习的动机和学习的成果循环作用，不断激励自己学习，同时学习的媒介应该是多元化的，运用包括书本、网络、电视、讲座、培训等内在的一切媒介。

（2）在交流中靠倾听去学。学会“倾听”，也就是学会捕捉信息，在工作中学习的过程是捕捉信息、并对信息进行分析整理的过程。无论是学习专业知识还是工作技能，都需要发现自身的学习诉求，在这个诉求的推动下抓住各种学习机会。而交流往往是工作中学习的最好方式，无论是与同事交流经验、开会讨论工作、听取工作报告、接受领导任务安排，还是工作辩论，都是学习积累的机会。

（3）在失败中不断总结。这里所提到的总结，不但是对工作成果和过程的总结，也包括对自身态度的总结。总结失败的经验应该落实到每一个工作步骤和每一个工作想法，不断地纠正自我就可以不断地获取新知识、新经验。

3．有目的性地学习

要明确在工作中学什么，有针对性地获取学习的信息。学习的内容大体上包括：专业知识、工作方法、公司思维、核心技术、处理人际关系的方法、管理自身的职业素养以及公司规章制度及行业规范。

（二）自我学习的途径

1．依靠书本

步入职场初期，延续学生时代的学习方法，从书本中学习，依然是相当重要的。书中往往汇集了成功人士已经总结好的经验教训，且知识范围很广。可根据职业需要选择具有针对性的读物，本着缺什么、补什么的原则，在最短的时间内接收大量的有效知识，快速消化吸收，完成职场初期的知识储备。

2．参加职业培训

参加公司组织的培训活动可以帮助职场新人直接了解公司业务和管理，针对工作内容进行知识补充，这种学习的特点是针对性强。

公司组织入职培训的主要目的是帮助职场新人快速进入状态，熟悉公司业务，了解企业管理和企业文化，掌握一定的工作技巧，因此具有比较初期和浅显的特点。这种培训可以帮助职场新人在工作初期少犯错误、节约时间，能够对工作快速上手；同时公司也会通过培训向员工说明职位特点以及公司的要求和期望。员工还可以在培训中与同事建立友好互助的关系，尽快适应自己的角色。

有些公司在入职培训后还会组织业务培训，其目的是针对岗位工作展开更强的深入性、专业性、操作性学习。它是入职培训的拓展和延伸，涉及更多行业信息和专业技巧，需要潜心学习和掌握。

3．向身边的每一个人学习

身边的每一个人都是自己的老师，他们都有模范作用，是职场新人最直接的学习对象。从他们身上，不但学习相关的工作知识和经验，还应该学习他们的职业态度、人际交往方法、处世哲学等。

4．关注市场动态

从业人员与学生在学习上的最大差别，就是步入职场后必须时刻关注所在行业的市场动态，并且要善于观察、分析和归纳，从中得出用以指导工作发展和提升工作质量的信息，也就是说要用实践来指导工作。

（1）向市场学习，学习经典案例。从案例分析中可以看出行业特性与商业处境，找出优秀的管理模式或发生问题的根源，结合自身的工作特点和工作方向，可作出可行的工作方案。

案例分析的方法：首先，先将案例快速浏览一遍，粗略归纳出核心内容；其次，详细阅读的同时找出案例中必须解决的基本问题，把自己放在该情境中，分析设想应该如何解决；再次，把关键问题记录下来，重读一遍案例，找出与设想的解决问题的方法有关的事实与论据；最后，将自己目前的工作拟订出一套建议，并利用案例分析后的资料来支持所提的建议。

案例分析的技巧：第一，所分析并准备借鉴的案例要与现实需要解决的问题情境类似。不能与现实脱节或根本无法借鉴，也不能超过自己的职责范围。否则即使通过案例分析得出了有益结论，也不能用来指导工作。

第二，根据职业特点或工作性质确定案例分析的重点。例如，要想明确“推出什么样的产品，卖给什么样的顾客”，就应该将分析的重点放在“市场趋势”“竞争状况”“消费者行为”“损益分析”等方面。第三，分析要有理有据。不要靠直觉随意判断，而要运用头脑中储备的知识，有理有据，分析恰当。发现自己知识不足时，要适时补充和更新。

（2）向市场学习，分析市场动态。仅仅学习案例是不够的，还要时刻关注最新的市场变化信息。首先要分析行业动态。整个行业目前的发展状况、未来走势预测等，都需要通过市场调查进行详细分析。其次要具体到项目。重点调查最近一年、一个月甚至一周的项目波动状态，并对其进行预测，以达到把握市场的目的。最后要关注从业人员。该行业或项目的从业人员能力和素质的普遍性变化将影响整个行业的发展趋势。

进行市场分析一方面要勤，不能拖拉，以免延误时机；另一方面要细，关注每个容易遗漏的细节，有价值的信息往往隐藏在细节之中。

5．通过电视、报纸、杂志等其他途径学习

闲暇时候看电视、报纸、杂志，或者上网浏览的时候，要主动搜索行业相关知识及信息，利用这些具有时效性的媒体信息第一时间了解最新行情。有时有用的信息总是在被忽略的瞬间与机会一并偷偷溜走，因此一定要培养自己的行业敏锐度，如同服装设计师总是会不由自主随时随地观察人们的衣着一样，要将收集行业知识和信息变成一种顺理成章的生活习惯。

6．及时自我总结

知识以信息的形式进入头脑中，如果没有得到很好的消化吸收，很快就会被遗忘或者变得模糊。因此，要及时进行自我总结，提炼要点和重点，将新知识与过往经验糅合到一起，不断修正和融合，直到融会贯通，变成自身的财富。

四、职业危机处理

（一）职业危机易感人群

调查显示，两类人较容易出现职业危机：一类是初入职场的新人；另一类是处在事业上升期的人。初入职场的新人由于首先需要适应工作，在这个过程中通常会产生“我能不能胜任这份工作，能否把这个职位守住”

的疑问和危机感；而事业发展到了一定阶段时，能否在职位和薪水上得到飞跃以及是否会被后辈赶超，则成为很多人不得不面对的状况。

（二）引发职业危机的原因

1. 竞争压力大

无论是职场新人，还是事业上升期的老员工，其产生职业危机的最大原因都是竞争压力太大。前者往往工作业绩不高，担心自己能力不足而无法胜任工作，不能在人才辈出的“菜鸟群”里脱颖而出；后者担心“菜鸟群”里的人才太多了，稍不留神就有被取代的危险。

2. 发展空间小

一部分人工作一段时间后，感到工作上已经不能得到进一步的发展，死守下去必然会陷入困境，于是甩手跳槽。而到了新公司，一切又要从头做起，优厚的工资和待遇都将消失，又不能肯定是否就真的适合自己发展，自己一个老资历，又要和职场“菜鸟”们一起竞争。这种心理让他们决定不了何去何从，从而陷入苦苦的思索中。

3. 超负荷工作

现下的白领，在工作和生活的压力下，很多人都在将自己“超频”使用。“过劳死、工作倦怠”已经是亮给白领们的红色警报。这种情况下要学会给自己减压，当自己同事业一起高速运行时，一定要注意别耗损过大。

4. 工作效率低

有些员工什么错误都没有犯，只是工作效率低下。工作效率低就会拖整个公司的后腿，如果遇到裁员，会是第一个被裁掉的对象。因此，要懂得合理安排工作，运用正确的工作方法提高工作效率，这样才能得到公司的认可，稳定发展。

5. 工作失误

有一些人犯了错，脸面薄，面对领导的责罚，即使不是自己的错也疏于解释，结果被打入“冷官”，难有出头之日。

6. 与公司文化不兼容

在工作中，很多事情不能随自己的喜好而定，而是要遵守公司的相关制度，而且企业就像人一样，每一个都有自己的个性，这是企业文化所决定的。如有的单位注重人情味，有的单位却更习惯于用业绩来说话；有的单位迟到了无所谓，有的单位却把考勤当成头等大事。只有完全适应了本单位的文化，更好地跟单位兼容，才会如鱼得水，规避危机，获得更好的发展。

7．人际危机

有些人陷入职业危机的理由很简单，就是因为人际关系处理不当，导致工作没人愿意配合，自然效率低下，业绩不高。如果在公司总是一脸严肃或者苦大仇深的样子，那就应该明白，自己已经陷入人际危机了。人际危机会大大影响工作，有时不只是同事不愿配合，还会殃及与客户的合作。

（三）职业危机的处理方式

遇到职业危机，更多的人第一反应都是“跳槽”。可是跳槽并不能从根本上解决问题，反而会引发更大的危机。因此，面对危机要从容，找出问题的根本原因并切实加以解决，才是度过危机的终极解决之道。

1．平时培养危机意识

平时就要培养自己的危机意识，明白居安思危的道理，未雨绸缪，将危机挡在门外。现实中的许多从业人员都是在适应了新的工作岗位后便产生了不思求变和进取的惰性，没事先培养自己“生于忧患死于安乐”的危机意识，导致对外界的竞争敏感度降低，结果遭遇被淘汰的厄运。

2．遇到危机不恐慌

一旦遭遇了危机，不要懊恼或恐慌。要知道绝大多数人都有同等的压力。这种时候不要先忙着轻易否定自己，而是应该秉持积极的态度寻找解决的方法，从心理上先树立起强大的堡垒。

3．补齐能力

如果因为担心自己能力不足而紧张，那么可罗列出胜任工作需要的所有能力，假如该岗位要求具备 10 种能力，而自己已经具备了 8 种，此时只要通过学习把另外两种能力补齐就好了。有时工作进展缓慢和学习遇到障碍都只是一时的问题，只要坚持下去，全力以赴就会渡过难关。

需要注意的是，就算安然度过了眼前的危机，也不能就此松懈，要继续努力完善自己，找准方向充实自己，才能避免让下一个危机再来打扰。

（四）职业规划

在实际工作中，要不断审视自己的职业生涯规划，在明确大方向的前提下，根据实际情况作出合理的调整，只有按照规划好的方向去完善自己，才能避免在职场竞争的洪流中迷失方向。

总之，每个人在职场中都可能遇到障碍，但是这个障碍会成为事业上的危机还是转机，不能一概而论。只有转变心态，坚强面对，才能获得最终的成功。

第三节　职场情商培养

20 世纪 90 年代初期，美国耶鲁大学的心理学家彼得・萨洛瓦里和新罕布什尔大学的约翰・梅耶提出了情感智力的概念。他们认为，高情商的人比高智商的人更容易成功。

情商是一个人重要的生存能力，是一种发掘情感潜能、运用情感能力影响生活的各个层面和人生未来的关键性品质要素。心理学研究证实，情商是一种能洞察人生价值、揭示人生目标的悟性；是一种克服内心矛盾冲突和协调人际关系的技巧；是一种可以在顺境和逆境中穿梭自如的能力。

一、职场情商的内涵及能力构成

情商是一种能力，可以感觉、了解和有效应用情绪的力量与智能作为人类的能量、信息和影响的来源。情商不只是显示出理性的智能，还来自内心的智慧。

情商指的是一些非智力因素。非智力因素是人们进行各种活动时的智力因素以外的全部因素的总称，主要由兴趣、动机、信念、情感（情绪）、理想、意志、性格等要素组成。非智力因素是人们在实践活动过程中的综合性素质，情感（情绪）、意志是其中一些较活跃的因素，起着动力、强化的作用。

美国哈佛大学心理学教授丹尼尔・戈尔曼认为，情商是一个人重要的生存能力，是一种发掘情感潜能、运用情感能力影响生活各个层面和人生未来的品质要素，是指人对自己的情绪的控制管理能力和在社会上的人际交往能力，且更能决定一个人的成功和命运。戈尔曼在他的书中指出，情商不同于智商，不是天生注定的，而是由以下五种能力组成。

（一）认识自我情绪的能力

能及时觉察自我情绪的变化，并且能够找到情绪变化的原因。自我觉察能力是情商的基石，这种随时随地认知自身感觉的能力对于了解自己非常重要。只有了解自身真实感受的人才能成为生活的主宰，否则必然沦为感觉的奴隶。

（二）自我情绪管理的能力

根据自身情况、环境状况、人际交往状况，把握、控制、适当表现、发泄自己情绪的能力。自我情绪控制不等于压抑正常情绪的表现、发泄，而是要求根据外部环境尺度与自己的内部尺度的统一，来适当控制或合理发泄情绪。

（三）自我激励的能力

能够整顿情绪，保持高度热忱，让自己朝着目标不懈地努力。充分认识自我、激发自我潜力是成功的内在动力。自我激励能力强的人善于度过困境，也能在顺境中把握自己。

（四）理解他人情绪的能力

能够理解他人的感受，觉察他人的真实需求。能否设身处地理解他人的情绪是了解他人需求和关怀他人的先决条件，戈尔曼用同理心来概括这种心理能力，具有同理心的人常能从细微处体察出他人的需求。理解他人情绪，控制自我情绪，是改善人际关系的一个重要条件。

（五）人际关系的管理能力

与同事、同学、上级、下级、友人等和谐相处的能力，是一个人社会适应能力的表现，是一个人成功的重要条件。

在这五个方面中，前三个方面只涉及“自身”——对自身情绪的认识、管理、激励与约束。后两个方面则涉及“他人”——要设身处地理解他人情绪，并通过正确理解他人情绪来达到人际关系的和谐。由此，情商较高者有两个基本特征：一是内在层面，妥善管理自己的情绪，懂得自制和自我激励，心灵保持健康；二是人际层面，了解他人的情绪，善于与他人和谐相处、合作，人际关系良好。

二、情商对职业发展的影响

从事职业和适应职业，是就业这个统一过程的两个方面，即从业方面和适业方面。一个人从事职业的过程，就是不断地适应职业的过程，从而热爱自己的工作，把满腔的热情投入职业所提供的创造活动中去，实现人生价值，并为社会做出贡献。

所谓从事职业，就是指目前正在干什么工作，涉及对工作性质技术、规范、质量要求等的认识问题和人的智力、能力、素质。一个人在从事一项工作时都有一个目标，这个目标可能是来自内在的需要或者是由岗位职责所规定的。为了实现这个目标，就必须运用自己所学的知识、技能，发挥自己的聪明才智，开发自身潜能，协调人际关系，搞好组织管理，坚持不懈、持之以恒地奋斗到底。无数事例证明，智力是一个人事业成功的基础，一个没有较高智力的人是不可能取得多大成绩的。但是，一个人的智力的发挥、潜能的开发离不开情感智商作支撑。正如戈尔曼所说："情感潜能是一种中介能力，决定了我们怎样才能充分而又完美地发挥我们所拥有的各种能力，包括我们的天赋智力。"因此，情商对大学生从业的影响与作用是显而易见的。

所谓适应职业，就是指人与其所从事的工作之间的适宜程度和磨合过程。这里涉及一个职业的适应性问题。职业适应性涵盖人和职业两个方面的内容：一方面是指人的个性特征与其所从事职业的适宜程度；另一方面是指某一类型职业活动的特点对人的个性特征及其发展水平的要求。职业的适应性，就是指两者在经济和社会活动过程中达到相互协调有机的统一。职业是否适应及适应程度如何，主要取决于人的素质，包括知识与技能、智商与情商、人文素质与科学精神。适应职业，既要适应新的工作岗位，又要适应新的工作环境。能否真正地适应新岗位，与人的知识水平、专业能力、智力水平有关；而适应新的工作环境，除了物质环境外，还要适应人文环境，适应新的工作氛围，其中最重要的就是新的人际关系。在工作中，人际关系之所以很重要，是因为良好的人际关系是顺利开展工作的基本前提。对人热情、友好、坦诚、谦虚、公正、宽容等，是良好人际关系应具备的基本品质，也是高情商的外在表现。

大学生从业和适应职业的过程，实际上也是大学生个人社会化的过程。个人社会化，是个人通过角色学习，领悟和适应群体与社会对自己的角色期待，做一个符合一定社会规范的社会成员。当代大学生要从一般意义上的自然人转变为社会意义上的社会人就必须学习社会规范，迅速地转换角色，找准位置，适应环境，将自己完全融入社会中去。可见，情商是大学生在个人社会化过程中需要提高的重要心理因素，或者说，情商是促进或阻碍大学生社会化进程的重要影响因素。

总之，人的整个职业生涯都无法摆脱情商的影响，离不开情商的导向、中介和调控作用，即情商在大学生择业方面发挥导向作用，在从事具体工作时起着中介作用，在顺利适应职业方面发挥调控作用。

三、情商管理能力的提升

大学生应从以下五个方面来提升自身情商。

（一）认识自我情绪

认识情绪的本质是情商的基石，当人们出现了某种情绪时，应该承认并认识这些情绪而不是躲避或推脱。只有对自己的情绪有更大的把握才能成为生活的主宰，更好地引导自己，并能准确地决策某些重要的事情；反之，不了解自身真实情绪的人，必然沦为情绪的奴隶。

（二）管理自我情绪

情绪管理是指能够自我安慰，能够调控与安抚自己的情绪，使之适时、适地、适度。这种能力具体表现在通过自我安慰和运动放松等途径，有效地摆脱焦虑、沮丧、激怒、烦恼等因失败而产生的消极情绪的侵袭，不使自己陷于情绪低潮中。这方面能力较匮乏的人，常需与低落的情绪交战；而这方面能力高的人能够控制刺激情绪的根源，可以从人生挫折和失败中迅速跳出，重整旗鼓，迎头赶上。

（三）学会自我激励

能够整顿情绪，让自己朝一定的目标努力，增加注意力与创造力。任何方面的成功都必须有情绪的自我控制——延迟满足、控制冲动、统揽全局。拥有这种能力的人能够集中注意力、自我把握、发挥创造力，积极热情地投入工作，并能取得杰出的成就；缺乏这种能力的人，则易半途而废。

（四）理解他人情绪

即移情的能力，是在自我认知的基础上发展起来的最基本的人际技巧。具有这种能力的人，能通过细微的信号，敏锐地感受到他人的需要与欲望，能分享他人的情感，对他人的处境感同身受，又能客观理解、分析他人的情感。此种能力强者，特别适合从事监督、教学、销售与管理的工作。

（五）管理人际关系

能够理解并照应别人的情绪，维持良好的关系，这也是建立领导力的基础。大体而言，人际关系的管理就是调控与他人的情绪反应的技巧。这种能力包括展示情感、富于表现力与情绪感染力，以及社交能力（组织能力、谈判能力、冲突能力等）。人际关系管理可以强化一个人的受欢迎程度、领导权威、人际互动的效能等。能充分掌握这项能力的人，常是社交上的佼佼者；反之则易于攻击别人，不易与人协调合作。因此，一个人的人缘、领导能力及人际和谐程度，都与这项能力有关。

第四节　人际关系培养

一、人际关系的内涵及重要性

人际关系能形成人际脉络，即人脉。人脉与人际关系有着千丝万缕的联系。经营人际关系是面，经营人脉资源是点；人际关系是花，人脉资源是果；人际关系是纽带，人脉资源是目的；人际关系是过程，人脉资源是结果。要想做大事，必须要有做大事的人脉网络和人脉支持系统。“人脉是一个人通往财富、成功的人门票”。

斯坦福研究中心曾经发表一份调查报告，结论指出：一个人赚的钱，12.5%来自知识，87.5%来自关系。在好莱坞，流行一句话：“一个人能否成功，不在于你知道什么，而是在于你认识谁。”

二、提升人际管理能力应遵循的原则

人际关系同金钱一样，也需要管理、储蓄和增值。在经营、利用自己的人际关系的同时，大家应该遵守几个原则。

（一）人之所欲，施之于人

你的朋友想要你用什么样的方式与之相处，你就用什么样的态度跟他相处，而不是用你想要的方法来与他互动。在关系的互动和维持上，仅凭一面之缘就要请人帮忙，会很容易让人觉得你交朋友的目的性太强。人只有愿意无私地服务别人，别人才可能无私地回报你。

（二）价值对等原则

价值对等原则也叫互惠原则，价值即“被利用价值”。在盘点人际关系前，先冷静地问问自己：你对别人有用吗？如果你无法被人利用，就说明你不具有价值；你越有用，你就越容易建立坚强的人际关系，同时也更方便经营，利用自己的人脉资源。你的价值正是自己利用人脉的前提。

在人际交往中，要善于向别人传递你的“可利用价值”，从而促成交往机会，彼此更深入地了解和信任对方，形成一种利人利己的双赢人际关系模式。

（三）诚实守信原则

信任，是人际关系的基石。在人际交往中应切记诚实守信的原则。孔子就曾说：“与朋友交，言而有信。”

信用的心理作用是给对方以安全感，人际关系是以互相吸引为前提的，而这种吸引很重要的一点，就是双方必须在交往中达到心理上的安全感。因此，约定的聚会，要按时出席；承诺的任务，要力争完成；朋友托办的事，答应了，就要办到；借别人的款项、物品，要如期归还。这些不是无关紧要的小节，而是会影响到个人信誉和人际关系的大问题，切不可掉以轻心。

（四）分享原则

不管是信息、金钱利益或工作机会，懂得分享的人，最终往往可以获得更多，因为，朋友愿意与他在一起，机会也就更多。

分享是一种最好的建立人脉资源的方式，你分享得越多，得到的就越多。世界上有两种东西是越分享越多的：一是智慧、知识，二是人脉、关系。正如肖伯纳所说：我有一个苹果，你有一个苹果，交换一下每人还是一个苹果；我有一个思想，你有一个思想，交换一下每人至少有两个思想。同理，你有一个关系，我有一个关系，如果各自独享则每人仍是一个关系，如果拿来分享、交流之后则每人拥有两个关系。

（五）坚持原则

在经营和开发人脉资源的过程中，很多人缺乏坚持的韧性，主要表现为：一是三天打鱼，两天晒网；二是遭到拒绝之后，没有勇气坚持下来，结果错失“贵人”相助的良机。

骐骥一跃，不能十步；驽马十驾，功在不舍。坚持，可以让我们在人脉资源中游刃有余；坚持，可以让我们在贵人助力的竞争中脱颖而出。

第五节 创新能力提升

一、创新能力的内涵及特征

（一）创新的内涵

在英语里，创新一词起源于拉丁语“Innovare”，释义为“更新、变革、创造新事物”。美国总统华盛顿在其 1797 年的告别演讲中，告诫美国人民要“保持创新精神”。我国商务印书馆 1996 年出版的《现代汉语词典》一书对创新的解释是：“抛开旧的，创造新的。”创新是人类在社会实践中摒弃旧事物、旧思想、旧方法，把新设想、新技术、新成果成功付诸实施并获得更高效益的运作过程。换句话说，创新就是人们能动地进行创造并最终获得更高效益的一个综合过程。构成创新的基本要素是：人、创新成果，实施过程和更高效益。

（二）创新能力的特征

创新能力是个体运用已有的基础知识和可以利用的材料，掌握相关学科的前沿知识，产生某种新颖、独特的，有社会价值或个人价值的思想、观点、方法和产品的能力。

创新能力由创新意识、创新思维、创新技能三大要素构成。创新能力具有以下特征。

1．综合独特性

我们观察创新能力的构成时，会发现没有一个是单一的，都是几种能力的综合而成的，这种综合是独特的，具有鲜明的个性色彩。

2．结构优化性

创新能力在构成上，呈现出明显的结构优化特征，而这种结构是一种深层或深度的有机结合，能发挥出意想不到的创新功能。

二、提升创新能力的方法

（一）明确创新能力形成的基本原理

1．创新能力形成的第一原理

遗传素质是形成人类创新能力的生理基础和必要的物质前提。它潜在地决定着个体创新能力未来发展的类型、速度和水平。

遗传素质，又称天赋、禀赋或天资，是指个体与生俱有的解剖生理特点，包括大脑和神经系统的结构、机能特性，感觉器官和运动器官的机能，身体的结构和机能等。

大脑是人的创新能力形成的物质基础，是人的创新能力发展的物质载体。离开了这个物质基础，人的创新能力的形成和发展就成了无源之水、无本之木。

人类创新能力的形成首先要遵循遗传规律。遗传素质是人类创新能力的物质基础。我们承认它，但不把它当作唯一，即“承认天赋，不唯天赋”。

2．创新能力形成的第二原理

环境是人的创新能力形成和提高的重要条件。环境优劣影响着个体创新能力发展的速度和水平。人是社会的人，人的创新实践并不是在“真空”中进行的，必然受到环境的影响。

环境包括自然环境和社会环境。社会环境包括家庭、学校和社会，社会上的各种教育培训机构等都是影响人创新能力形成的重要因素。

3．创新能力形成的第三原理

实践是创新能力形成的唯一途径，也是检验创新能力水平和创新活动成果的尺度标准。创新能力只有在创新实践中才能得到施展和发挥，实践是创新能力变成现实的唯一平台。

人改造实践的活动是创新活动。只有通过社会实践才能把人的创新意识变成现实，而创新能力也必须通过实践才能形成，实践是创新能力形成的唯一途径。实践还是检验人的创新成果的唯一标准。

4．创新能力形成的第四原理

创新思维是人的创新能力形成的核心与关键。创新思维的一般规律是：先发散而后集中，最后解决问题。创新能力与创新思维休戚相关。没有创新思维，就没有创新活动。

（二）提高创新思维能力

1．冲破消极的思维定式

思维定式又称“习惯性思维”，是指人们按习惯的、比较固定的思路去考虑问题、分析问题。它是一种按常规处理问题的思维方式。这种方式可以省去许多摸索、试探的步骤，缩短思考时间，提高效率。在日常生活中，思维定式可以帮助我们解决每天碰到的 90%以上的问题。

思维定式是创新思维的基础，它有积极意义。然而，如果太过依赖这种思维习惯，它就变成了消极的思维定式了。消极的思维定式不利于创新思考，不利于创造，它阻碍了思维的开放性和灵活性，造成思维的僵化和呆板。使得人们不能灵活地运用知识，阻碍创新思维的发展。

消极的思维定式是创新思维的障碍。消极的思维定式主要有习惯型、权威型、从众型、书本型、自我中心型、直线型、麻木型、偏执型等八种类型。要具备创新思维，必须打破这些消极的思维定式，还自己一个创新型大脑。

（1）习惯型消极思维定式。也称经验型思维定式，它是指人们不自觉地用某种习惯了的思维方式去思考已经变化的问题。长此以往，它会削弱大脑的想象力，导致人们思维的教条和僵化，影响、限制人们的创新思维，对创新思维的形成产生负面影响。

因此，要辩证地认识知识经验对创新思维的双重作用，注意弱化习惯型思维定式的影响。对现有知识经验批判地继承，在借鉴中有所突破、有所创新，使现有的知识经验都能在创新活动中发挥正面的作用。

（2）权威型消极思维定式。权威型消极思维定式是指人们对权威人士的言行的一种不自觉的认同和盲从。

迷信权威，带来的是无知与懒惰；怀疑、质疑权威，则表现出一个人的勇气；战胜权威，才能证明一个人的知识与智慧。只有这样，我们才有可能站在巨人肩膀上创造辉煌的未来。

（3）从众型消极思维定式。指人们不假思索地盲从众人的认知与行为。从众心理与行为最大的特征是人云亦云，没有独立思考的品格。当一个人陷入盲从他人的心理状态时，必然与创新绝缘。大学生应该摆脱从众的盲目心态，用独立的思想积极主动地做事情，只有这样你才能拥有一个真正属于自己的人生。

（4）书本型消极思维定式。指人对书本知识的完全认同与盲从。书本知识对人类所起的积极作用确实是巨大的。但书本知识也和任何事物一样有弱点，即滞后性，知识也会过时。知识只有不断更新才能成为有效行动的信息，才能推动事业的进步和发展。

（5）自我中心型消极思维定式。指人想问题，做事情完全从自己的利益与好恶出发，主观武断，不顾他人的存在和感觉。

以自我为中心对一个人、一个家庭、一个组织、一个民族甚至一个国家是有危害的，它是文化创新、体制创新的最大障碍。

（6）直线型消极思维定式。指人面对复杂和多变的事物，仍用简单的非此即彼或者按顺序排列的方式去思考问题。

在现实生活中，直线型思考问题的方式屡见不鲜。如把类似的例题拿来照搬，死记硬背现成的答案。直线思维的习惯是不善于从侧面、反面或迂回地去思考问题。

（7）麻木型消极思维定式。就是不敏感，思维欠活跃，注意力不集中，总是兴奋不起来。

（8）偏执型消极思维定式。它的表现多样，有的颇为自信，有的是钻牛角尖，明知这条道路行不通，非要往前闯；有的是喜欢唱对台戏，人家往东，他偏往西等。

2．掌握科学的思维方法

掌握科学的思维方法有助于提高创新思维能力。

（1）发散思维。从某一点出发向四面八方想开去，寻找事物的多种构成因素、多种可能性、事物发展的多种原因（条件）和多种结果，从而找到解决问题的多种设想、办法和方案。发散思维是一种开放型思维，是创新思维的核心。

该方法思考问题全面周到，有利于决策的正确与准确，避免或减少失误；有利于在各种方案中选优；头脑中有尽可能多的可能性，有利于避免上当，有利于捕捉灵感。在发散思维基础上，围绕一个目标，将各种因素进行分析、重组，从而构成一个新事物或形成一种新模式、新方案的思维方法叫聚合思维，也叫收敛思维。

（2）逆向思维。丰田章一郎曾说："我这个人如果说取得一点成绩的话，是因为什么问题我都爱倒过来思考。"所谓"倒过来思考"，就是逆向思维，也叫反向思维，是将人们通常思考问题的方向和路径反过来思考的方法。

逆向思维的具体方法如下：①从某一事物想到与之相反的事物（性质）；②从事物某一作用想到另一作用；③从甲事物对乙事物的作用想到乙事物对甲事物的作用；④从某一做法想到与之相反的另一做法；⑤将事物的关系颠倒过来思考（正负、主次、好坏、因果等）。

（3）横向思维法。横向思维法是通过借鉴、联想、类比，充分地利用其他领域中的知识、信息、方法、材料等和自己头脑中的问题或课题联系起来，从而提出创造性的设想和方案。这种方法的特点是：①不是过多地考虑事物的确定性，而是考虑它多种多样的可能性；②关心的不是怎样在旧观点上修修补补，而是注意如何提出新观点；③不是一味地追求正确性，而是着重追求它的丰富性；④不拒绝各种机会，尽可能去创造和利用机会。与横向思维相对应的纵向思维法是一种直线前进的传统思维方法。一步接一步地设想、推理、思考每一个环节，并沿着最大可能性的路线前进，直到创造完成。这种思维方法能使人思考有序，顺利地完成某些课题。纵向思维属于传统思维。纵向思维是在挖深同一个洞，横向思维是尝试在别处挖洞。

（4）分合思维法。分合思维法是将思考对象的有关部分，从思想上加以分离或合并，试图找到一种新事物的思维方法。比如，沙发+床=沙发床、衣服+裙子=连衣裙、鸡尾酒……分合思维法包括分离思维和合并思维。

（5）转换思维。转换思维也称变通思维，是转换视角、转换问题、转换思路、转换方式来思考，以获得创意的思维方法。我们所熟知的曹冲称象的故事就是转换思维的典型。

（6）想象和联想。想象力和联想力是创造性思维的两大支柱。联想是指思考者在头脑中从一定思维对象出发，根据事物间某种联系想到其他事物。联想可分为相似联想、对比联想，接近联想、连锁联想、飞跃联想。

3．经常参加社会实践

人获得知识的最有效办法不是听别人讲，实际去做可以更有效地接受信息，更有利于创造能力的培养。因此，要经常参加社会实践，在实践中感知、在实践中创造。

4. 交流合作

只有通过交流信息才能产生创新的思想火花。你有一个思想，我有一个思想，我们交换一下思想，彼此都有两个思想。在思想碰撞过程中，要是碰出新的思想火花，就会有更多创新。

此外，创新固然需要有创新的个体的行为，但是现在创新需要合作。要会协调沟通，发挥团队优势、群体优势，使创新思维和创造力升华，在合作中升华，在团队中寻找方法。

第七章　职业生涯规划引导下的大学生就业创业教育

第一节　大学生就业创业教育的具体开展

一、就业创业教育在经济转型期的开展

在职业生涯规划引导下，要突出自主创新的效力，高等教育必须从教育体制改革和创新等方面来培养学生，使学生们能及时通过最新的科学技术提高自我创新能力，形成新思维和竞争方式。

（一）思想和行为的共同发展

只有在思想和行为上共同发展，才意味着就业创业教育的有效落实。高校实施培养计划时，教师开始将就业创业的理念融入学生的专业课程中，将各种就业创业的知识传授给大学生。在就业创业过程中，大学生的自我价值得到充分发挥，反过来又促进自我的全面发展。让大学生在思想上正确认识就业创业，然后形成目标行业的就业创业理念，以此指导大学生做出就业创业行为。同时，开展就业创业教育时，要让大学生明白就业创业的重要性和必要性，这也是引导大学生形成正确择业观的必然要求。

（二）知识型就业创业能力的提高

对学生进行就业创业教育时，应以知识型就业创业为主要目标。知识型就业创业更加强调创新的作用，从思想上打破常规，不断学习、提高创新能力。要正确定位创新能力，其是在考虑市场目前的需求，结合企业的最终目标来实现的。但不可忽视的是，作为就业创业主体，大学生必须不断学习企业的新知识、提升个人能力，这是就业创业教育的重中之重。

（三）学生自我目标的实现

就业创业教育首先关注学生自我目标的实现，对他们进行系统性、层

次性以及差异性的教育。应将多元化、系统性的就业创业教育传授给学生，使他们的就业意识、创新思维得到不断提高，从而提高其就业积极性和创业能力。其中，对有创新创业意识的学生，在结合专业教育的情况下进行差异化教育，使其创新实践能力得到不断提升。发挥学生创业实战技能方面的优势，在个性化、差异化和系统化的教育态势下，使学生的自身价值得到最大的体现。

（四）整体目标和长期目标的体现

就业创业教育的基本要求和教育模式主要体现在专业教育的基础上，对所有的学生进行人才化培养的过程。其中不需要对学生进行与社会特定价值观方面的说教，而是通过一定的教育理念，对每个学生的价值进行个性化的判断，体现就业创业教育的整体目标和长期目标。

二、就业创业教育在知识经济时代的开展

实施就业创业教育，可在社会上增加就业岗位，同时也能缓解大学生毕业后的就业压力。从根本上说，大学生就业创业不仅是为自己谋生路，也是在为其他需要就业的人员提供岗位，使得劳动力资源在社会上合理分配和利用，改善我国严峻的就业形势，将社会引上和谐之道，实现健康发展。就业创业教育普遍开展，能够使大学生形成新的就业思想，提高其创业精神，进而为社会培养出诸多兼具较高创业能力和素质的人才，为中国高等教育提供有益的、必要的补充。同时，使社会经济得到有效发展，社会就业矛盾得到缓解，并逐渐趋于稳定。由此可以看出，就业创业教育是社会发展的必然要求。

（一）推动知识经济的发展和社会经济的转型

知识经济就是利用创新能力（驱动资源）逐步替代传统生产要素（原始资源，如土地、人力、资本、原材料等）的过程。相较于传统以自然资源为生产动力的工业革命，知识经济体现出的是更长久、更深层次的社会转型，所关注的重点在于，找到正确方法充分挖掘人的创新潜能。毋庸置疑，当知识长期开发和积累，以此为支撑的技术将实现持续革新，经济得到进一步发展。但一切的根源在于将知识真正转化成动力，而依靠的主体就是具备高素质的创新型人才。这种创新型人才必须具备较高的创新意识和较强的创新实践能力及创业能力，达到社会对人才的综合要求。当前，

高校肩负着构建就业创业教育体系的重大使命，相比于其他组织机构，是创新科技知识的集中之地，在传授、转化和应用知识方面无可比拟，因此在知识经济时代扮演着重要角色。现在，随着知识经济时代的进一步发展，对人才培养提出了更高要求，高校的就业创业教育也调整了培养计划和目标，不再单纯地关注学生就业，而是引导和鼓励大学生积极创业；同时不再单纯地强调学生一味应用所学知识，而是要求其在应用基础上积极创新。因此，在知识经济发展的时期，高校所培养的人才必须是全面的、复合型的，才可满足知识经济发展对创新型人才的迫切需求。

（二）全民素质和教育现状得到有效改善

全面改善国民素质，解决当前的教育问题，是进一步融合于知识经济时代、充分利用新科技、适应市场经济发展的必然要求。有利于更准确地把握社会提出的人才培养需求。与传统教育相比，就业创业教育无论是内容还是形式，都总结出了新的模式。资料表明：改革开放以来，国家一直主张要通过不断学习，找出经济增长过程中出现的问题和困境的解决方法，并消除人与人之间的差异。如果没有足够的学习，人类的发展将会越来越不利，人与人之间的差距将会越来越大。特别是学习方法较为陈旧的阶段，面对全球蔓延的共性问题，人类和社会的力量显得极为渺小，缺乏充足的知识和能力解决问题。所以，无论是历史挑战还是未来问题，关键在于实现传统教育改革，全面普及以创新理念为主的学习和教育。就业创业教育让大学生形成了不同于传统的创新就业理念，并影响高校根据社会需求来调整人才培养理念，这是我国高等教育改革的重要内容。就业创业教育要汲取国外的先进经验，在各领域开展系统性、全面性、差异性的创新教育，不断深化教学体制改革，最终形成具有中国特色的就业创业教育模式。

对于就业创业教育改革而言，高校从教育的理念、内容、方法、设施以及目的出发，因地制宜地培养出个性化、复合型的目标指向型人才。把提高国民素质、加强人才培养、提高经济建设、振兴国家经济作为首要任务。在就业创业教育的内容方面，突破专业与行业间的壁垒，完善教育知识结构，拓展专业范围。使学生能够根据个人喜好，选择感兴趣的专业知识进行学习，构建适合自身的知识体系。学习时，萌生创新思想，并随着学习的深入逐渐强化。教师在授课形式上，除了传统的讲授方式外，高校还通过不同途径，为学生提供讨论、练习的机会，在角色扮演或案例分析等实践中，提高学生发现商机、寻求伙伴、团队协作等能力。此外，高校还通过多种不同类型的实践活动，让学生的就业创业经验得到积累，能够在激烈的社会竞争中屹立不倒。因此，应重新定义高校的教育功能，从社会、经济、教育、人才等方面入手，培养学生的创新理念与行为能力。通过多样化、差异化、全面化的教育模式，为我国的经济发展培养出一大批创新型人才。这不仅是教育的历史使命，更是当前经济可持续发展的推动力所在。从社会视角来看，全面开展就业创业教育，是改善全民素质的重要手段之一，同时有利于促进我国高等教育改革发展。从具体国情来看，就业创业教育的开展势在必行，重点在于找到正确且科学的方法推动改革的顺利进行。事实上，高校实施就业创业教育包括两层含义：一方面，就业创业教育的实施是在为社会源源不断地输送高素质人才；另一方面，在知识经济时代，就业创业教育的开展，能有效改善并完善国内教育内容体系的不足与缺陷。

（三）区域经济转型的推动力与支撑点

目前，发达国家普遍通过就业创业教育来培养社会各行各业所需的新型综合人才，这对于国家或地区的经济发展具有重要意义。尤其是对于发达国家的区域经济而言，每个地区都注重区域特色和领军行业，而就业者与创业者所创造的财富成为区域经济发展的重要支撑。就业者与创业者的素质、能力以及数量对各地区区域经济的发展速度、质量、可持续性、稳定性起到决定性作用，而区域经济发展的速度和质量对新企业的数量同样也起到决定性作用。因此，国家经济发展状况如何，一般也通过该国就业人群与创业数量、质量来体现。

（四）满足社会对新型人才的需求

劳动者的定义并非简单地指贡献体力劳动的人，更强调能够提供脑力劳动的人才，后者是经济社会发展所需的强大力量，而只有通过实施高等教育才能培养真正意义上的劳动者。就业创业教育是劳动者具备综合素质必须接受的教育内容之一，对大学生明确就业观念与行为鼓励，体现出其导向性；而通过向社会输送新型人才进而促进经济社会发展，则体现出其驱动力，综合来说，这是教育活动中的高层次教育。在职业发展方面，大学生未进入社会前就针对未来发展制定职业生涯规划，它具有长远性，是大学生综合各方面因素考虑的结果。这也意味着该计划具有不确定性，因为包含着诸多影响因素。其中，就大学生个人而言，更为重要的是与就业创业相关的所有因素，如思想、能力、品质、专业知识等。只有接受系统的就业创业教育，大学生才有可能具备较高的综合素质和能力，从而应用于就业创业实践，使个人素质和能力得到改善。可以说，就业创业教育对于大学生而言，是在两者之间形成了相互作用的关系，经历过就业创业的大学生，可能得到更多的发展机会。

（五）促进绿色市场文化环境的构建与营造

对于企业而言，无论是已经存在的还是即将创办的，都受到社会环境的影响。为此需要相关部门发挥作用，在加强管理、各司其职的基础上，营造积极良好、和谐有序的社会环境。一方面，政府要根据市场需求及时出台相应的政策、投入必要的资金。综观就业创业教育实践发展成熟的国家，均有就业创业教育专项资金，并将其作为大众接受系统教育的必学内容，当成是国民教育的一部分，同时还围绕就业创业教育出台一系列辅助政策或文件，以此来保障就业者与创业者的合法权益，并督促企业主动接受教育。另一方面，在社会掀起创新文化浪潮，普及创新文化，营造绿色市场文化环境。政府除了以政策支持教育活动的开展之外，也在市场规范方面发挥重要作用。构建并弘扬创新文化，有利于构建开放自主、良性竞争的行业发展环境，规范市场主体行为，将创新活动约束在市场规律之下稳定发展。

（六）有效解决就业难的社会问题

进一步实施就业创业教育，是改善大学生就业形势的主要手段之一。目前已成为整个社会的统一认知。我国每年毕业的大学生数量在不断增多。相关部门认为，就目前全国高校毕业生数量逐年递增的现状来看，不久的将来，该数量将达到历史顶峰，大学生的就业形势将严峻到极点。而之前毕业的大学生并非完全就业，“新生”“老生”聚集到一起，构成庞大的就业大军，更加重了中国大学生群体的就业压力。

第二节　大学生就业创业教育的教学方法创新

就业创业教育是一种专业性的教育模式，该模式以所有学生为对象，教育策略专业，同时将人才培养理念融入其中，集普及性、广泛性于一体，学生均可通过就业创业学习形成就业理念与创业精神。可以说，就业创业教育已成为目前高校实践育人的主流方向。

多数高校形成了教学模式“以教为主”——易僵化，教学内容“以知识为核心”——重理论，教学方式“以课堂为主体”——脱离实践，致使学生无法获取必要的就业创业体验，从而对就业创业教育的转型形成了阻碍。

一、职业生涯规划引导下的就业创业教学体系

信息技术的发展对社会生活产生了深远影响，高校就业创业教育更是如此。以职业生涯规划为引导的就业创业教学体系，是目前信息时代的明智选择，体系内各要素彼此紧密联系，是循环往复的圆形发展轨迹。

（一）以职业生涯规划为引导形成就业创业课程体系

在大学生就业创业教育中，让学生掌握就业创业知识及思想，就要合理设置就业创业教育课程，尤其是搭载现代信息技术，结合学生自身的特点和个性，建立随时随地可供学习的环境和课程。举例来说，可以围绕职业生涯规划设计网站，或是开发教育类型 App，其内容包括成功的就业创业事例、教师线上教学视频等，方便学生随时学习和复习。为了提高有效性，建议将其与学生的学分挂钩，督促学生坚持学习，更多、更快地掌握就业创业基本知识和能力。当然，也可以通过线上联系，如讨论群组，安排专人轮班，便于 24 小时都能为就业创业者提供服务；或者提供给学生满意的就业创业教育课程，按时组织学生参加活动，让其课程越来越具有影响力。

（二）发挥职业生涯规划的优势，构建就业创业文化体系

综合考虑学生各自特长，成立就业创业教育社团，在此基础上，投入大量的资源，将就业创业教育活动开展至各个角落，并使其影响力越来越大，营造良好的就业创业教育氛围；在各种报刊、公共场所进行宣传，以就业创业典型为榜样，尤其是文化的借鉴，以此来激励大学生就业创业；而取得成功的学生，也要给予其相应的奖励。借助多种形式营造有关就业创业教育的文化环境，潜移默化地影响大学生，进而使其化为内在动力，踏上社会之路，利用所掌握的知识和能力，开展各项实践。

（三）充分利用新时代即时交互的特性，实现跨时空获取资源信息

信息技术普及的新时代，掌握主动权就应及时把握和利用信息。大学生早已成为最大的信息使用群体，基于此，高校可将现实课堂化为虚拟在线课堂，结合本校实际开发专门的 App 手机客户端，或是创建其他公众平台，如微信公众号等，分享有关就业创业的最新最热资讯，增加对学生的吸引力。为了提高利用率和浏览量，建议定期聘请成功的就业者与创业者分享经验，与学生在线互动交流，解疑释惑，坚定学生的就业创业信心。

（四）利用信息技术为就业创业者搭建切实可行的模拟实践体系

就业创业需要动手动脑，不再仅仅停留在书面知识的学习上。要将所学理论知识充分应用到实践中去，不再局限于传统的实践方式，将“创造性、实践性”的显著特征从各个方面体现出来。高校领导应该积极主动地组织大学生们参加实践活动，着眼于长远考虑，使就业创业实践的目标最终达成，即充分发挥就业创业实践的长效作用。以完整、有效的考核制度作为手段，推进就业创业实践在高校中的开展，师生双方在工作中深入理解就业创业教育的价值。通过就业创业实践基地的建立与发展，日常教学管理内容与就业创业实践计划之间紧密相连，在预算支持、资金保障、物资辅助的作用下，基地能够发挥实际效用。

（五）充分利用信息技术为大学生创建就业创业教育评价系统

通过实际经验总结可知，仅仅依靠综合素质与实践能力并不能很好地反映真实情况。为了使就业创业教育目标能够顺利实现，需要以信息技术为依托，分别考察关键指标，包括就业率、创业率、影响力、成功率等，从而创建完善的考察模型，用大数据分析法，得出科学结论，以推进就业创业教育健康持续发展。

二、就业创业教学方法创新的意义

（一）打破了传统教学方式

传统教学模式具备如下特点：一是教师、学生二者之间知识的传递路径，即传授、记忆、回忆、再现；二是以“教”为主，“学”为辅；三是学生的正确解答被教师嘉奖，但对近似解答、设想、解释等不予重视；四是教学期间，教师过于注重自身的权威；五是一味关注通过考试取得的分数，

认为分数代表一切。对于学生来说，传统教学其实是让学生依靠记忆来学习，学生只要记住教师和教材上教授的知识即可，真正的思考很有限。长此以往，学生便被此种教学方式所禁锢，学习积极性大打折扣。课堂中的学生作为个体，应被视为课堂的重要主体，然而从现实情况来看，学生参与教学过程的情况并不乐观，教师在教学时也只是激发了学生的理性认知，学生的非理性因素则被忽视，包括学习需求、学习动机、学习兴趣、学习情感、学习人格等。此种课堂的活跃性、灵活性较弱，学生身处其中无法感受到学习的乐趣，也就无法实现自身的突破，学生的好奇心理无法施展，难免产生厌学情绪，久而久之，对于教师而言，也陷入了消极的课堂气氛之中，容易产生教学负面情绪。所以研究并应用新的教学方法至关重要。

案例教学、体验教学以及项目教学这三种互动性更强的方式相较于传统模式而言，优势很明显。总体而言，表现有三：首先，自主性。学生不再是课堂中被动接受知识的角色，而变为课堂主角，教师则从主导者转变为引导者、导演者，学生被给予了展示才能的机会与空间。其次，拟真性。教师为学生提供客观环境以供模拟真实情境，根据不同环境的差异化特征，学生能够更高效地融入角色。最后，交互性。师生双方能够积极沟通、顺畅交流、彼此启发、实时互动，学生能够在师生双方的交互中锻炼解决问题的能力。可见，上述教学模式的优势突出。但实际上，传统教育观念会在一定程度上制约创新性的教学方式。因此，在心理上，学生更倾向于案例教学法，但行为上却并非如此，因为他们缺乏参与的意愿、自由和信心。而这体现出学生身上存在的一些问题，如能力不足、态度不端正、认识不充分等。这是因为学生长期接受的学习都是被动的，家庭教育和学校教育都限制了学生自由个性的发挥，也无法勇敢地表达出自己的观点，害怕让家长和教师失望。同时语言表达能力、独立思考能力、随机应变能力不强，需要较长时间才能进入角色，因此不少学生与案例教学格格不入，很难取得良好效果。

根据上述可知，案例教学方法对于传统教学方法所进行的改革较为全面，不仅涉及教学技术、形式包装，同时需要改变教育观念。而体验式教学则以体验训练为依托，引导学生在学习过程中进行反思，过渡上升到对于理论知识的理解，学生在受到启发后能够自主结合理论、实践。该方法可以有效打破传统教育体系里单一式教学、强制性灌输、理论主导、静态式接受的学习模式，使学生所处的学习环境更加轻松、开放，有益于学生自觉积累知识、提高技能。项目教学方法为师生双方提供了共同参与、完成项目的机会，教师更多担任的是项目的提供者和指导者，而项目实施中需要运用哪些知识、问题的提出和解决均由学生自己来完成，学生的积极性由此可以得到调动，主观能动性更强，自主学习意识逐渐强化，这也是就业创业过程中非常重要的一项能力。

（二）整体提高大学生就业创业能力

就业创业活动源于机会、能力的有效结合。就现有形势来看，大学生就业创业的主要难点在于自身所具备的能力不足以匹配机会。换言之，面对多元化的就业创业机遇，大学生们的能力偏弱，无法有效抓住就业创业的时机。在此情况下，通过案例教学法的实践，学生能够强化就业意识、提升创业能力、培养创新思维，这也是目前高校开展就业创业教育的当务之急。

学生就业创业能力的提升必须以实践为根基，高校需要引导学生养成“怎么做”思维，而非“是什么”思维。传统教学模式很难实现这一目标，而新的教学理念所具备的探究性则可以有效帮助学生改变思维。教育模式的转变是一场不可避免的教学革命。这场革命有三个特征：教育的起点和主体从教师转变为学生；学生从被动者转变为主动者，从知识的接受方转变为探索方。教学被教育替代，学生在学习知识、掌握技能的同时，还可以得到精神启示、树立智力品格、掌握“心智状态”，而“学生的创造力首先是心智状态、思维方式问题，其次才是知识、技能问题”。培养学生的就业创业能力不能过分地依赖知识的传授，而是要着力培养学生对自然现象和社会现象的关注度和敏感度，培养学生辨析和解决问题的习惯与能力，培养学生批判性思维的习惯与能力。

三、就业创业教学方法创新的举措

就业创业教学需要突出实践性，不同于其他教育类型，其所要完成的教学目标无法通过理论讲解、知识传授等传统方式来实现。相比于显性知识教学，就业创业教育中的缄默知识需要采用非语言类的说明方式传递给学生，从形式教学的传统思维中跳脱出来，以逻辑性更强的方式引导学生进行反思。换言之，显性知识、缄默知识两种教育内容所采取的教学方式应该有所区分，才能够确保就业创业教育能够取得成效。基于此，高校需要开展课程、实践相结合的模式创新，将学、做有机结合，以实践为导向构建新的教学体系。

（一）重视实践教学

课堂教学需要解决教学内容的问题，即“教什么”。不难发现，以实践为导向的新型教学体系与企业的实际经营情况更加相符，也更契合企业家的思维，将实践教学视为学习环境设定的重点，对现实情况进行深度剖析，为学生构建更具备现实意义的学习氛围，这也是新型教学方法的设计关键。在教师所构建的学习环境之中，学生能够围绕实际问题展开探究、讨论，进而得出具有实际价值的解决方案，这被视为新教学课堂的核心。此外，课堂教学还需要解决教学方法问题，即“如何教”。教师需要采取区别于传统方法的探究式方式来完成教学任务，将案例教学、项目教学、体验教学等进行合理搭配，引导学生自觉决策、创新实践，从而帮助学生强化自身的主体意识，合理组织创业行为。

（二）构建体验平台

目前，高校就业创业教学体系中所采用的体验平台以大学生就业创业竞赛为主，每年参与比赛的学生人数超过万名，学生在竞赛期间能够直接、间接体验就业创业过程，竞赛过程中所形成的专业技能具备了突出的实效性。但也有研究者认为，该项活动为学生提供的参与空间具有局限性，适用对象无法覆盖全体学生，仅针对精英学生而言起到了训练作用，而大部分学生仅将自己视为看客，无法真正参与其中。即此平台的形式效应大于应用效应。

从本质上看，这一问题一方面来源于活动组织方，另一方面来源于活动本身。问题的解决方法需要政府、学校、社会三方共同努力，在培训、服务、教学等环节之间建立起更加紧密的联络关系。从活动本身来看，需要明确实践环节的导向作用，延伸竞赛的影响范围，不断拓展活动的实际价值，重视赛前培训环节，明确“以赛促教、以赛促学”的活动目标，拓展培训对象，可为全体学生提供培训机会，增强就业创业文化的普及性。赛前培训的内容应调动起学生参与其中、自觉实践的积极性，强调市场调研环节的必要性与重要性，锻炼学生搜集、分析、整合第一手资料的就业创业能力，引导学生识别就业创业机会、了解社会环境。与此同时，需要提高赛后转化率，助力项目对接、项目运营，政府、企业、社会三方为学生的就业创业实践予以支持，由某一部门专门负责赛后转化规划、协调、统筹工作。需要注意的是，确立专门机构来完成上述工作十分必要，这也是计划付诸实践、获取实效的基础。

在实践过程中，可采取的教学方法具有多样性。比如，可以孵化器、科技园等平台为支撑设计体验式教学方案，学生可深入实验研究，有益于衍生企业数量的增加，同时也可使企业获取更高的生存率。由实践经验可知，在实践教学中，校方可采取学生社团、就业俱乐部、创业论坛、就业创业实习等策略落实实践教学计划，学生可享受到更具有针对性的“一对一”创业指导，便于就业创业实践教学任务的深入开展。

（三）提供保障措施

1. 强化师资队伍的综合素质，加强教师队伍建设

在案例教学、体验教学、项目教学方法的过程中，教师扮演讲授者的角色，对学生的表现、行为、观点予以监督及指导，角色的转换对教师教学的要求并没有降低，反而有很大提高。教师不再像传统授课那样仅仅进行备课、讲授、考试等教学活动，而是需要运用多方面的知识来满足更加综合的教学目标。

2. 给予更多资金支持与政策支持

创新型教学方法的选择与应用离不开强有力的政策支撑。政府作为公共资源的掌控主体，需要充分挖掘、发挥信息优势，履行行政职能，推进高校的就业创业教育计划。目前，政府对于高校就业创业训练计划给予了高度重视，多地出台政策与优惠措施，通过“搭建平台、集聚资源”等措施，为大学生提供就业创业训练的项目。

在高校就业创业教学中，应用案例、体验和项目教学法还需要有充足的资金保障。案例、体验和项目教学法不同于传统教学法，不仅教师的课业任务加重，还需要开展第二课堂活动，比如组织学生到企业开展具体教学项目或购买一些软硬件设施来支持项目教学等，便于为就业创业教学任务提供更多资金支持。地方政府需要强化对财政资金、社会资金的整合能力，借鉴国外教育的成功经验，如政府主导、市场主导等资金渠道。国家可以同时结合政府主导、市场主导两种模式，形成更加综合、多元的资金渠道，建设就业创业资金支持体系，对社会援助、企业支持等行为予以积极鼓励，建设就业创业基金，为高校的就业创业教学提供资金保障。

四、就业创业教学方法创新的应用

（一）案例教学法的创新应用

由于高校开展就业创业教育的时间较短，科学运用案例教学法来提升

教学品质、增强教育能力、借鉴国外案例的高校比较多，结合国情和地方实际情况自编案例并进行完整意义上案例教学的高校比较少。亟须通过深入研究来探索案例教学法在高校就业创业教学中具体应用的途径和方法，以此切实提高高校就业创业教学的质量并推动其不断发展。

1．案例选材问题

案例的合理性、准确性与案例教学方法能否取得成效直接相关。高校以全体学生为对象实施就业创业计划，学生的专业不同，知识背景和专业兴趣有着很大差异。面对这种情况，如果照搬案例，则会使多数学生产生距离感，不仅不利于调动学生的学习积极性，也无法使学生集中注意力，所以在案例选材时要注意以下几个方面要求。

（1）以培养学生的就业创业精神为选材定位。就业创业教育的目标包括：将就业创业基础知识普及全体学生，包括基础过程、基本技能等，令学生能够自觉形成就业创业意识。在教学过程中，发现那些对就业创业有着浓厚兴趣并想在大学期间或毕业时进行就业创业实践的学生，可形成类似“就业创业实验（先锋）班”之类的组织，进行接续性的跟进教育，开展个性化培养，引导学生走向职业规划之路。在高校就业创业教育中，要重点选择那些能够培养学生就业创业精神的“鼓舞型”案例，通过案例教学使广大学生认识到就业创业并不是高不可及的，形成“人人可以就业、人人能够创业”的基本态度和价值观。当然，在对大学生就业创业“鼓劲”的同时，应确保适度，不应对成功就业创业的收获过度宣传，避免学生陷入误区，形成不正确的就业创业观。

（2）选材的基本原则是“就地就近”，不应对成功经验过度推崇。实践表明，学生对于可触及的现实案例的关注度更高、讨论倾向性更强、参与度更大，而对于引进案例，除了几个耳熟能详的大公司和大人物之外，对于知名度不高的中小企业案例则很少有兴趣。一方面，案例可以就地取材，中国经济具有很强的地域特色，历经长时间的发展，出现了包括晋商、潮商、徽商等商帮组织，改革开放之后，又出现了特色经济发展模式，如“苏南模式”“温州模式”，这为高校教学提供了便利，校方完全可以就地取材，对学生进行案例教育。另一方面，高校可以充分开发校友资源，将就业创业案例引入创业教育，将教学内容与学生身边实际相联系，这样易于学生接受，同时能够激发学生的就业创业热情，克服对就业创业的畏惧心理。

2. 教师角色问题

就业创业教育中的案例教学主要以讨论的方式来进行，在讨论过程中教师应该扮演什么样的角色呢？是“裁判员”还是“运动员”？是“引导者”还是“助产士”？教师的正确角色定位对于案例教学的成功实施至关重要。有学者认为，教师在开展案例教学前，对个人角色进行调整的同时也需要对心态加以关注，在教学过程中，教师应明确自身的倾听者、促进者、引导者身份。由于高校就业创业教育存在的大班级课堂、各专业交叉、学生准备情况参差不齐等特殊性，客观上要求教师有相应的角色定位。

（1）“倾听”而不“放任”。案例教学法强调的是不同观点的呈现，其突出特点是不提供明显且无争议的标准答案，当学生提供的答案与标准答案之间存在出入时，教师需要对学生给出答案中的错误观点进行纠正。教师要耐心聆听学生的发言，然后给出自己的意见，如果发现学生有错误之处，应及时指出并引导学生改正。让学生明白什么是可行的，什么是不可行的。

（2）“引导”而不“主导”。教师之所以要引导，是因为学生在讨论时经常会偏离主题，在这种情况下，教师要通过必要的引导使讨论向着课程目标前进。虽然案例教学讨论的方式是自由的，但是这种讨论是有方向的，即“有方向的自由”。引导要注意把握度，不能过早发表自己的意见，使学生内心形成发表独立见解的抵触情绪。教师不应用嘲笑、谴责或命令的口吻来主导讨论进程，教师要和学生处于平等的地位，共同致力于知识的探讨，给学生以自由发言的信心，始终保持宽松自由的氛围。

3. 适用性问题

案例教学法的优势是很明显的，但实际应用中出现的不足也同样需要引起注意。部分学者表示，该方法需要花费的时间、精力较多，对于水平偏低、年级偏低的学生而言实效性欠佳。在就业创业教学期间，由于条件和资源的客观限制，更要充分考虑案例教学法的适用性。

（1）要明确案例教学的目的重在激励学生的就业创业行为，而不在于对案例进行理论分析。针对这一问题，有学者尖锐地指出：目前在就业创业教育中占优势地位的案例教学方法如果强调理论分析而不是自觉决策和创造性地实验，那么案例教学也是反就业创业模式的。为了有效避免占优势地位的教学方法蜕化为“反就业创业”的教学模式，关键在于准确把握开展案例教学的目的。

（2）将案例教学、实践调研和多样化就业创业活动紧密结合。教师可将学生分为不同小组、不同组别完成各自的调研任务，组员可利用课余时间亲临企业现场调研；为推进调研计划，教师需要同时组织具有多样性的就业创业教育活动，包括讲习班、小组讨论、网络教学、客座演讲等形式，令案例教学方法的实施具备更多的社会力量支持，使得教学实效性、针对性增强。

（二）体验教学法的创新应用

就业创业教学集理论、操作、实践于一体，若缺乏教学模式的创新、缺乏就业创业能力的体验与实践、缺乏具有针对性和实效性的教学方法，就业创业教育便会停留在空洞的理论传授层面。体验式教学法对于破解这些现实问题、切实提高高校就业创业教育的成效意义重大。以体验式教学理论为借鉴依据，从提升就业创业教育实效性的角度来看，体验式教学法是一种能够让学生亲身体验就业创业实践过程，通过观察、思考从而获取知识，掌握技能，采取指导实践的教学行为和方法，解决就业创业教育的现实困境。

1. 具体应用

在高校就业创业教育中应用体验式教学法的最终目的，是让学生通过体验过程了解就业创业教育的精神内涵，而不是单纯地知道就业创业教育的理论知识。高校就业创业教育强调学生的感知和认知过程，以此作为接受就业创业教育的前提和基础，在体验中“验证”创业理论知识并“应用”于创业活动中，才是体验式教学法的真义所在。

（1）感知体验之头脑风暴法。感知体验强调的是在就业创业教育授课过程中，令学生在感官上形成认知。头脑风暴方法的使用过程中，学生能够得到自由发挥的空间，经过讨论，激发出新的观念、想法，令自身的感知体验能够增强。该方法需要学生群体之间相互作用与影响，形成群体思维，借助联想反映、热情感染、竞争意识，产生思维碰撞，有助于创造性思维的产生，提升创新意识。

（2）验证体验之角色扮演法。通过角色扮演的方式，进行验证体验，是体验式教学法的基础。

（3）“体验”方法。该方法通过情景模拟的方式，编制一套符合实际、模拟就业创业环境与活动的方法，该方法需要扮演者以多种解决方法处理潜在问题，进而对学生的实操、决策、领导、判断能力进行测评，并能够了解其心理素质水平。

2. 主要问题

（1）就业创业教学中的体验恣意化。在就业创业教育中运用体验式教学是为了创造、模拟真正的创业环境和创新平台。随着社会进步，教师和学生的角色有了很大的改变，教师不再像以前那样仅仅停留在“传道、授业、解惑”，而是转变为教育中的引路人，扮演着导演、裁判、咨询者的角色；学生从传统的被动学习者变为自主学习者，扮演着就业者、创业者、企业家角色。学生的自主权被无限放大，教师在以学生为主体的课堂中成为辅助方和旁观者，容易忽略对于课堂整体的主导和把握，出现恣意化的体验现象。具体表现在言语恣意化、管理操作恣意化和角色体验恣意化。

（2）就业创业教学中的体验虚假化。将体验式教学法运用在高校就业创业教育中，主要目标是让理论与实践充分的结合起来。将先进的教学方法与课本知识相结合，配以看得到、摸得到的实例，让学生对就业创业教育有更直观的认识。这就需要教师在运用体验式教学法的过程中，注重给学生以真正意义上的体验，而不是将体验教学虚假化，“走过场”。具体表现为“体验模式虚假化”和“体验感受虚假化”。

3. 评价机制

传统教学一般采用统一标准和固定模式，对教师的考核主要是从授课内容、授课形式和授课效果三个方面来进行评价。学生学习结果主要是通过各种考试来进行考核，通常都有标准统一的答案，根据考试分数来判断学生掌握的情况。对比传统教育，体验教学注重的是学习过程而非学习结果，以往的分数量化评价方式只能衡量学习者对学习结果的记忆程度，并不能反映学习者的真实体验过程。单一固化的评价衡量标准，已经完全满足不了多元化发展的现代就业创业教育的需求，因此迫切需要多元化评价方法。不能完全按照一个标准去评价学生，要有一定的弹性，让学生的个性特征得到充分发展。

关于教师评价，首先，既应侧重授课内容及授课效果转化，注重案例选择、教学情景设计和以学生为主体的授课效果；又应侧重理论与实践转化，进行全方位培养。其次，对学生的评价中，既应侧重教学效果的过程评价，即学生心路历程、交流沟通和理解应用；又要多留意体验式教学过程中学习者是否全身心投入以及体验感受，这需要在平时教学过程中多进行观察，适当地进行测试，熟能生巧。通过对学生作品进行评价，让学生通过体验，多总结经验，重点是了解学生的思维能力和应用能力如何。最后，评价机制的主体不应该只考虑学生或者教师，应该兼顾考虑，既涵盖师生双方互评，又涵盖教师之间和学生之间的评价，侧重点也不同。这样做是为了增强教师和学生对体验教学的深刻感受，进而形成体验式教学法在高校就业创业教育中有效应用的长效机制。

（三）项目教学法的创新应用

项目教学法就是学生在教师的指导下，在专门的学习群体或者学习小组中，每个小组成员都有不同的兴趣爱好，可以根据自己的兴趣和生活经验来进行提问，或者说出自己参加学习的愿望，也可以叫作项目创意。判断活动到底能不能按照计划去执行，活动安排要始终围绕定下的目标来展开，学习内容和学习方式也要在活动安排的基础上制定。此外，还要评估活动效果，进行归纳总结。项目教学法的最大特点是以项目为载体，实现各种知识与能力的整合与重构；将全部注意力放在学生身上，让学生能独立自主地学习，可以建立学习小团队，边学习边研究其可行性，重视学习过程，注重学习效果，这样才能更好地完成教学目标。高校要多组织大学生参加真实或者模拟就业创业实践，这样才更好地为他们提供宝贵的就业创业经验，激发他们的就业创业意识，就业能力与创新思维会得到大大提高。在高校就业创业教育中运用项目教学法，应明确以下三个方面。

1．明确目标

进行就业创业教育是为了培养学生的就业能力与创新思维。在校内教育部分，既要面向全体学生开展启蒙教育，也要结合专业教育开展嵌入教育，可以将准备就业或创业的学生组织起来，进行专项培训，对创业者开展教育培训和帮扶。开展高校就业创业教育要完成两个基本任务：第一，了解并掌握一些基本的就业创业知识，熟悉流程，提高基本技能，让他们产生兴趣；第二，对那些有就业创业想法的学生集中进行专项培训、个性化指导，引导学生走上社会之路。项目教学法在高校就业创业教育中的应用要努力促进此目标的达成。在面向全体学生开展的启蒙教育阶段，学生的就业创业意识非常薄弱，因此，可以有针对性地选取难度比较低、学生非常喜欢而且愿意参与的项目，让学生自主选择就业创业实践，同时要深刻认识到就业创业需要继续学习，不断提高自身知识的积累。要根据不同学科的特点，结合专业特色，最好是所选择的就业职位与创业项目是和自己所学专业相关的，这样能更好地发挥专业特长。在不同的阶段，需求不同，侧重点也不同，要有目标地进行实战演练。因此要选择知识融合度大的项目，还可以将现实中的经典项目拿出来做案例分析，让学生进行模拟练习。这样才能让他们在遇到问题时，知道该如何去处理问题、解决问题。

2．明确组织形式

项目教学法采用的是团队合作形式，即一定数量的学生和教师共同参与到项目的实施过程中，教师在其中担任指导者的角色，学生充分发挥其自主性，在教师的帮助下完成学习任务。当团队真正投入学习的时候，团队整体产生的成果会让人出乎意料，和其他学习方式相比，团队学习是进步最快的。因此，团队学习形式是很好的组织实践教学的方式。

事实胜过雄辩，芬兰韦斯屈莱应用科技大学的团队就是非常好的榜样。在他们学院里只有开放的办公区，没有课堂，有非常多的教练，却没有一位教师，有问题讨论时通过对话会议，却没有班级，从来不进行案例学习，却全是让学生参与真实的项目；没有一板一眼的讲授，有的是大量的实践学习。项目教学法满足了就业创业教育的实践诉求和“学以致用、边用边学”的教学目标，在高校就业创业教育中运用时，需要具体问题具体分析，不能一概而论。首先，对于全体学生，可以通过普及式教育来讲解就业基础知识和创业基本流程以及相关技能。普及式创新教育并不是非常新颖的事，我国目前的选修课形式就是普及式就业创业教育的一种，这种就业创业教育的优点是，不同学科背景的学生之间组成的是临时性的团队，这种团队会随着课程实践的结束而解散。其次，一些学生未毕业就对创业十分感兴趣，而且希望边求学边创业或者毕业后马上开始创业，通过利用聚焦式教育，可以培养越来越多优秀的创新型人才。这种模式可以采用固定团队的形式，这种团队的周期长、综合性要求非常高，目的是通过各式各样的活动去提高大学生的就业创业素质，形成系统全面的就业创业理论体系。

3．教学效果考核与评价

在项目教学完成后，如何对学生的表现进行考核和评价是一个值得深思的问题。可以先让每一位团队成员进行自我评价，然后让团队成员相互评价，最后让教师来进行总结以及发表意见和建议。还可以根据具体项目类型设置网络投票环节，但这些过程都需要有一定的监督措施。评价标准可以从三个方面来进行，分别是团队练习表现、文献学习和研读、实践环节。团队成员根据自己团队完成就业创业教育目标的情况，结合自己在团队中的表现，是否掌握了就业创业相关知识和技能来对自己做出评价；为了防止出现恶意评分，互评可以采用去掉最高分、去掉最低分的方式计算评价结果；教师根据学生个人及所在团队的表现，给出评分；网络投票环节要严格把关，可以设置投票限制条件，比如只有本校学生才能投票。为了使评分更加合理，可以选择创新创业领域专家，采用层次分析法计算出每一项的权重，对以上四项评价结果进行加权求和作为综合考核结果。

第三节　大学生就业创业教育课程体系的建设途径

就业创业教育具备较强的实践性，教育内容与课堂本身之间有着千丝万缕的联系，同时就业创业教育与普通的教育又有较大的区别，如何设置高校就业创业教育的课程也成了不少学者探讨的话题。目前，对高校就业创业教育课程体系的设置有三种思路：第一是按照授课内容的不同分为实践性课程和理论性课程；第二是以课程形式为依据进行划分，得出隐性、显性两种分类；第三是以授课形式为依据进行划分，得出学科类、环境类、活动类以及创业类四种分类。本书依据高校就业创业教育的共性目标和个性目标，将高校就业创业教育课程做如下体系设置。

一、基础学科课程设置

就业创业教育基础学科课程是为了奠定就业者与创业者进行就业创业活动基础而设置的，旨在为他们构建就业创业基本理论体系，使其认识到就业创业是什么，就业创业所需要准备的知识和技能储备有哪些。

（一）理论课程设置

之所以设置理论基础课程，其目的在于从基本层面出发帮助学生厘清课程脉络、明确课程意义、普及就业创业基础理论，课程以“就业创业导论”“就业创业理论”以及“就业创业辅导”为主。

就业创业教育以“就业创业导论”的知识为基础，该课程以引领学生认识就业创业为目的，并让学生了解就业创业活动需要的准备工作，就业创业活动的步骤及就业创业活动中所要运用的知识有哪些，“就业创业导论”是一门就业创业教育的入门课程。

“就业创业理论”以“就业创业导论”为基础，对课程知识点进行适当拓展，帮助学生掌握就业创业基本技能，为就业创业素养的形成提供依据，同时对国内外经典案例进行介绍，以期激发大学生的就业创业热情。

"就业创业辅导"是指在介绍就业创业基本知识的基础上，进一步阐述就业创业活动的现实意义，以及就业创业活动的未来发展，并适当讲解就业创业活动中的行为思维方式。在就业创业活动过程中了解市场，充分利用各种资源和合理处理各种人际关系与发展问题。

（二）辅助课程设置

设置辅助课程的目的在于提高就业创业活动的质量。课程内容具有多样性，能够与不同学生的个性化特点相呼应，对于不同学生在学科背景、知识储备、个人爱好特长等方面的差异性，可以开设能够满足学生个性化就业创业发展需求的活动方案。就业创业教育辅助课程体系还应将重点放在激发有创业意愿学生的创业兴趣、培养企业家精神、注重创造性思维的培养、开阔学生视野等方面。同时，在改变就业创业教育辅助课程体系时，可以结合学校的师资力量，充分合理运用现有的师资资源。考虑到目前就业创业教育师资严重不足的现状，可以在学校现有师资基础上经过适当的培训来培养就业创业教育专业教师。例如外语教师可充分利用他们的语言优势，给学生传授国外先进的就业创业教育理论及优秀的成功案例，管理学教师则可以为学生讲解企业家精神、介绍不同地区的管理知识。辅助课程以选修课为表现形式，学生以个人爱好为出发点进行选择，课程设置的目的在于增强就业创业教育的教学质量。

二、活动课程设置

就业创业教育本身是一门实践性很强的课程，因此，就业创业教育课程改革中活动课程的设置尤为重要，就业创业教育的活动过程旨在让学生通过具体实践，了解就业创业活动的整体流程，找到自己感兴趣的方向，能够将自己所掌握的知识、信息、技能和资源具体运用到实实在在的活动中，真正实现就业创业的意愿，并在此过程中能够了解和掌握就业创业活动的基本细节，为真正开展就业创业活动奠定坚实的基础。

（一）集体活动课程

就业创业教育集体活动课程具有广泛性的特征，该活动课程应根据高校的整体就业创业教育目标，面向全校学生而设置，旨在达到全面认识就业创业活动。其开展形式可采用报告或讲座形式，校方对就业创业教育专家、已有成功经验的就业者与创业者发出邀请，为学生提供与专家直面交流的机会，便于学生从专家的亲身经历中获取经验，起到培养学生就业能力与创新思维的作用。

（二）专题活动课程

就业创业教育专题活动课程是在就业创业教育集体活动课程的基础上，专门针对就业创业活动中某个环节而开展的就业创业教育实践活动。就业创业教育专题活动课程所选择的专题环节一般是创业活动中重要的环节，如营销环节、决策环节。当然，也可根据创业学生的要求，就某一个他们感兴趣的环节或是他们认为困难的环节而展开主题活动。就业创业教育专题活动通常采用商业计划竞赛的形式组织开展活动，同时能够帮助学生形成团队意识，建立良性竞争氛围。常见的就业创业教育专题课程有模拟营销大赛，对企业运作流程、企业文化的建立进行参观等。

（三）项目活动课程

就业创业教育项目活动课程是按照高等学校开展就业创业教育的目标，在就业创业教师的引导下，学生在明确自己就业创业活动的主题后，自行设计就业创业活动项目，并且在学校的支持下，亲自实践自己的就业创业活动，完成整个就业创业活动，最后对自己的就业创业活动全过程进行自我批评、自我总结。就业创业教育项目活动课程令学生积累更加丰富的就业创业经验，强化在就业创业过程中的独立判断能力、自我管理能力，培养就业创业学生企业家的基本素养，使学生在项目活动过程中得到锻炼。

（四）项目潜在课程

就业创业教育项目潜在课程强调的是在高等学校里营造一种就业创业活动氛围，通过这样的就业创业活动氛围来潜移默化地影响学生，以达到培养学生基本就业创业品质、提高学校就业创业教育发展水平和质量的目的。就业创业教育项目潜在课程手段可通过学校已有的条件，组织经验交流会，激励学生开展就业创业活动，强化就业创业精神。

三、实践课程设计

通过参加实践课程，学生所学的理论知识能够得到实践应用的机会，自身的技能水平会相应提升，便于自身视野的拓展、思维的拓宽。常见的课程类型包括模拟实验、具体实践。

（一）模拟实验

模拟实验即对就业创业过程的仿真实验，学生参与其中，可通过角色模拟了解就业创业的特点，认识选择岗位、项目的具体流程，梳理产品营销方案的优化原理等。案例分析是较为常见的模拟实验方法，使学生身临具体案件之中，将自己想象成就业者或创业者，并且分析自己在解决就业创业过程中所遇到的困难，具体的课程包括“沟通技巧与训练”“商业营销模式”以及“商业计划与培训体验”。

（二）具体实践

结合理论，学生可以利用校内实习平台完成实践目标，常见的校内实习平台包括后勤实习、投资实习等。学生在体验的过程中，社会经验能够不断积累，人际交往能力也会得到提升。此外，亦可选择校企合作的形式完成实践目标，学校、企业之间建立联系，企业为学生提供内部实习岗位，学生能够在真实的企业运营环境中了解企业经营模式，在实际问题的参与、解决过程中，不断提升个人的职业素养。

第四节　大学生就业创业教育的学科化趋势

目前，虽然高校的就业创业教育正朝着越来越现代化的方向发展，但实际上，就业创业教育改革过程中所出现的各类问题也不容忽视，如何找寻有效方法解决“最后一公里”问题成为各个高校的首要难题。部分高校的就业创业教育仍旧停留在基础层面，教育模式单一、教学质量难以提升等问题迟迟得不到解决。为避免就业创业教育改革目标落空，需要切实强化学科体系的健全理念，将学科基础夯实。学科建设是大学建设的基本，任何一门学问都要找到自己的学科依托。由于当前高校就业创业教育还不是一个独立学科，正在为建设一个成熟的学科体系积累前期条件，本书提出了“学科化”的观点。学科化的本质为过程，是向科学化方向不断推进的完整历程。学科化的课程教育体系对于教学过程的关注度显著增强，对于研究期间的问题给予更多重视，注重规则的独立性，引导研究走向规范化；研究过程中的宏观叙事问题、主观臆测问题是研究重点，增强课程知识的精确度、课程体系的健全度，才能够确保研究的科学化。当前形势下，学科化是明确一线工作者和专业教师学科“归属感”，促进“学术职业”发展的有效载体；是明确就业创业教育定位，有效克服功利主义价值倾向的重要途径；其推动就业创业教育与实践走向规范化，专业度更高、科学性更强。就业创业应成为学生自觉求学的理性活动，为个人的持续发展提供内在动力。

一、就业创业教育的学科化特点

只有全面准确把握高校就业创业教育所具备的特点，才能最终完成学科化建设，可以说，教育体系特征的把握是学科化建设的根本前提。要联结政府、企业和社会，增强协同育人机制的开放性，与大众就业创业相结合，顺应全民就业创业浪潮的流动方向，将人才驱动视为创新驱动的基础，从而为社会培养出高素质人才。目前高校就业创业教育的学科化特点有三：一是整体性，二是开放性，三是时代性。

（一）整体性

就业创业教育不是市场营销、金融财务、运作管理、人力资源、质量控制方法等管理课程简单相加的结果，它需要将这些知识构建为一个体系，以模型为依据，确认课程职能的分散性与独立性，进而通过必要的整合策略加深学生对就业创业的理解程度。这也是当前高校开展就业创业教育时无法收到应有效果的原因所在。

到目前为止，管理学院提供给学生的管理课程的主体部分依然为职能性课程，忽视了创新课程、整合性课程在整个教学体系中所占的比重，这显然与当前时代发展的总体趋势不符。也正因如此，整体性课程所发挥的指导意义需要被更加重视。以“商机驱动”“资源驱动”以及“团队驱动”为核心的“蒂蒙斯模型”能够有效解决当前问题，该模型着重化解了通盘整体的平衡。注重整体性成为蒂蒙斯创业教育理论和实践课程体系的突出特点，此类立足于整体视角的课程体系改革方案应被视为当前高校就业创业教育学科化改革的参考方向。

（二）开放性

就业创业教育的主要任务在高校内部完成，但目前大多数教育平台、资源的来源以政府、社会、企业为主，三方之间的协调、资源之间的汇聚等问题较为突出，只有协调好各方关系、资源的合理分配与利用才能够真正落实就业创业教育的目标。换言之，就业创业教育承载着连接企业、社会、政府、学校四方之间关系的纽带作用，在此种情况下，高校应与政府、企业及学生建立起密切而广泛的联系，形成一个社会支援大学生就业创业的网络。就业创业教育具有的开放性特征对于学科发展取向、教师素质要求和教学方法改革都提出了新的更高的要求。

（1）学科化发展不应以理论为指向，也不能停留于理想的描述，而要"直通"现实培养开创性个人的"教育工程"，对于就业创业教育不能"只会说应该是什么，不知道究竟应该做什么、怎么做"。这便是课程体系开放性的良好说明，对于就业创业教育来说，新的教育取向应为教育工程技术转换提供示范作用，便于从统筹视角出发的理论和实践相结合、设计与实施的紧密结合。

（2）学科化改革的开放性将改革的重点从"是什么""为什么"转移至"做什么""如何做"，这种全新的教学任务需要重新思考"教什么"和"如何教"的问题。就业创业教育不能只局限于传统的"粉笔加讲授"的教育形式，要充分考虑到就业创业教育领域"缄默知识"大量存在的事实，就业创业教育需要向其课程体系的来源方向不断靠拢，从来源处不断汲取力量，从形而上学的抽象理念中脱离出来，组织更加丰富、多样的实践活动，改善教育思维，将改革后的就业创业教育投入"改造世界"的宏大背景之中接受检验，并随着实践的发展而发展。

（三）时代性

高校就业创业教育改革，需要紧密结合时代特点进行。目前，"衣食无忧而工作短缺"成为世界各国最为头疼的社会问题。这也是各国高度重视就业创业教育的根本原因，因为传统产业创造的工作岗位已经被"机器侵蚀掉了"，为了工作，当代人只能自己创造工作岗位，这也是提出"就业友好型"增长的主要原因，考虑到国家建设过程中出现了较多的密集型企业，在资本、技术层面均表现出了密集性，这些企业所提供的就业岗位并不充足，形成了"奥肯悖论"，反映出经济增长、就业需求之间的不匹配。换言之，经济的增长无法绝对带来更多的就业岗位。就国家发展一般规律来看，"就业友好型增长"是被推崇的规律，即经济增长、就业需求之间能够尽可能达成协同关系，在此情况下，我国高校在开展就业创业教育理论研究和实践活动中表现出明显的时代性特征，目前大学生的就业困境问题较为突出，这对高校就业创业教育的改革提出了更加紧迫的需求。

知识经济时代的特点主要在于经济发展的制式化、社会发展的信息化两个方面，传统大学课程的教学模式不再与新的时代形势相符合，高校需要形成更具备创造性的教育理念，培养学生的创新精神。知识经济时代的大学已经从社会的边缘转移到中心，直接成为催生新兴产业和推动经济发展的主导力量。在知识经济时代的发展进程中，拥有创新精神的大学生能够产生巨大的驱动作用，这些创新型人才与岗位搜寻者的身份之间存在根本区别，他们可被视为创造工作机会的群体，不少新兴产业经由这部分人产生，随着新兴产业的不断出现，大学生获得了更为丰富的就业岗位。可以说，具备创新素养的一代人实现了自身的人生价值。可见，创新素养是当代大学生应具备的重要标签，这一标签也反映出当前时代的特点，国家对于大学生创新发展越来越重视，大学生的想象力、创造力具有无限可能性，在创新领域所产生的作用不容小觑。创新元素在当代的驱动作用不仅改善了民生质量，更对社会经济的提速产生了推动作用。就业创业教育的规模应逐渐扩大，社会经济的发展与改革需要更大规模的创新型人才。

二、就业创业教育的学科化道路

在政府驱动影响下，高校以政策为导向，从最初的“以创带就”发展为“大众创业”。基于此，对于就业创业教育体系建设的认知水平需要进一步提高，这项任务不再具备临时性，而应被视为有益于人才培养、助推全民创业的重要战略。但需要指出的是，国内高校的就业创业教育改革需要立足于本国国情，将专业化、广谱化两条道路相结合，以问题、学科为导向，以统筹视角兼顾政府驱动与高校需求，逐步探索出能够实现上下互动的改革路线。

（一）专业化与广谱化齐头并进

当前高校就业创业教育学科化应大力开展专业式、广谱式两条改革路线的并轨尝试，彼此互补、共同推进改革理念的不断更新，在兼顾大多数学生的教学需求的同时，也不忽略极少数，真正做到既能覆盖学生全体，又能根据不同层次学生的差异化特点制定个性化方案，本着明确的改革目标，不断夯实改革基础。高校就业创业教育的学科化就是要以广谱化理念为指导，基于专业化的特征与功能，形成优势互补。以全体学生为对象实施广谱化改革方案，将就业创业理念在学生群体中普及，让学生的创新意识有所增强、创新思维有所完善、创新能力有所提高。与此同时，以少数学生为对象组织实验班，为其提供具有实效性的教育咨询以及创业援助，以整合思路为依托构建出有效的双轨并行的运行机制，以此来促进教育质量的整体提高和学科建设的共同进步。

（二）政府驱动与高校需求上下互动

我国政府对就业创业高度重视，万众创新与大众创业的结合强调了就业规模的扩大、国民收入的提高、社会纵向流动性的增强、社会公平正义的维护。对于个人创新创业、企业创新发展，国家不断加大支持力度，助推个人、企业能够加快自身价值实现的速度。政府从国家发展战略的角度出发，本着提高经济发展效率的目的，确认了高校就业创业教育改革所依托的指导思想、所遵循的基本原则、所需要完成的总体目标，加快落实改革，为广大毕业生提供更高品质的就业创业平台。由此可见，政府对于高校就业创业教育改革的支持力度非常大，“大众创业、万众创新”已成为经济社会步入新阶段后的重要发展驱动力量。从本质上看，高校开展就业创业教育能够为就业者提供发展驱动力，为创业者提供创新支撑力，这对于社会经济发展而言必不可少。

在政府驱动作用下，高校的就业创业教育有着丰富的资源，这些资源汇聚而成可产出成果的平台，在政策的支撑、资金的保障下，平台能够得到一定发展。换言之，就业创业教育自身的完善离不开政府导向的作用。但需要注意的是，政府导向并不能被视为推进高校就业创业教育改革的唯一支撑力量，在该任务中，高校为主体，即落实改革方案的一方，对于高校而言，目前的首要任务在于在政府驱动、自身需求之间建立上下互动联系，形成正确的就业创业教育生态环境，为高校、企业、社会三方之间的协同关系树立指导思想。

以高校自身为主体建立以大学生为对象的就业创业平台，将各方力量与资源汇聚起来，为大学生提供丰富机会，同时将知识资本化改革、技术市场化改革路线进一步夯实，形成政企双方的顺畅联络通道，由此可以培养出更多优秀的创新型人才，加速各类型资源之间的进一步融合。企业参与结合服务提供的理念能够为就业创业教育的改革提供支撑与辅助，有益于民间融资体系的持续完善，通过组建非营利性组织的策略，解决大学生就业创业期间所遇到的实际问题，从资金、认证以及技术等多个维度入手，为学生的就业创业提供更加专业化的服务。社会为高校就业创业教育的改革所提供的支持力量表现在文化氛围的打造与维护方面，通过加强学生的创新意识，使学生能够从中切实感知就业创业行为具备的社会价值，从而明确个人的发展方向。

三、就业创业教育的学科化发展取向

（一）构建共同的教育哲学基础

教育哲学体系中的根本点立足于本质论、价值论以及目的论，换言之，就业创业教育哲学发展中的首要难点在于其与教育哲学领域二者之间的重合度较高。教育的本质可理解为“培养人”，这也是就业创业教育的根本所在，为社会经济发展培养出更高层次的合格建设者与接班人是教育行为的价值体现。优秀的社会发展接班人需要实现自由、全面发展。但在探究过程中不难发现，鉴于教育哲学与就业创业教育二者间高度重合的客观事实，人们对于就业创业教育特征的独立性存疑。如何证明就业创业教育具备不可替代性，成为研究者们的关注点之一。

只有对就业创业教育不可替代性的合理论证，才能够将其改革进程加以推进。基于此，在已有理论特质结论的基础上，遵循宏观教育规律，学者们围绕高校就业创业教育展开了多维度的探究，包括本质探究、价值探究、目的探究等，这些研究视角即就业创业教育学科化改革的立足点。

首先，主动性是就业创业教育的本质特征，能够反映其突出特点，即创新创业行为表现了人们的生活方式，能够描述人们的人生态度，可以对学生所发生的主体行为加以解释。所谓主动性指的是创造潜能的充分发挥以及本能的全面展示，即形成就业创业自觉意识。其次，超越性作为就业创业教育的另一个特征，能够诠释这一教育项目的存在目的，一方面需要对传统教育理念进行超越，另一方面能够引导学生实现自我超越，即学生能够逐渐形成开创精神。最后，转化性被视为就业创业教育的终极价值，以教育过程为切入点，就业创业教育属于转化过程的一种，学生接受就业创业知识后，就业创业思想逐渐形成，以此为基础，学生能够尝试新的发明、新的探索，知识资本化随之产生，这一过程即意向转化为行动的原理，在此期间，大学生所付出的努力与艰辛都可被理解为知识向智慧转化的过程，与此同时，新的资本与新的行为出现。高校就业创业教育改革的根基在于共同的教育哲学基础，多个学科研究之间的协调是彼此间矛盾、冲突得以化解的有效途径，改革必须以多学科间的和谐与统一为前提。换言之，就业创业教育的发展需要以“三论”间的高度认同为依托才能够有所突破，也唯有如此，差异化学科知识间的影响才能够推动不同问题的多样性探讨。由此可见，就业创业教育应被视为关系着国家战略发展的重要策略，其与现代化建设体系之间有着密切关系，对于高校教育理念的升级、高校教育体制的改革而言具有重要影响。从学生能力提升、素质培养的角度来看，通过就业创业教育能够解决实际问题。在设置就业创业教育课程时，需要兼顾教材的建设、教师的培训、评价体系的构建等多项任务，从而形成血肉丰满的就业创业教育学科群。

（二）加强平台建设和人才培养

平台的建设在现阶段是保障高校就业创业教育改革的基本要素。在建设平台的过程中需要注意如下几个方面。

首先，形成专业模式，商学院、管理学院负责就业创业教育的日常管理、经费筹措、师资培养以及课程设置，以培养专业化人才为目标，同时增强师资队伍的职业水平。其次，实施广谱化模式，针对全校学生设立就业创业教育学院，将消费外各个资源进行整合，强化教育学院的顶层设计，为全体学生开放教育课程，从全方位的角度出发落实就业创业教育改革的措施。最后，整体设计就业创业教育学科建设方案，分三步解决就业创业教育学科归属问题：第一步将就业创业教育发展成高等教育学、教育经济与管理学或比较教育学二级学科下的研究方向；第二步需要深入针对就业创业教育所展开的研究，将就业、职业生涯规划的研究内容进行融合，在原理、方法论、主流研究方向等层面加以创新探索；第三步对相同或相似议题的研究方向进行整合，并正式在教育学一级学科下设创业教育学，亦可以管理学为背景设立创业学科目，将就业创业教育学视为其下的二级学科，最终建成就业创业教育学科。

培养人才的首要任务在于尽快组建符合要求的师资队伍，对教师加大培训力度。考虑到就业创业教育并未在当前的高校教育系统中占据主业位置，其边缘化的现状使得管理学院、商学院承担着主要的课程体系建设任务，部分就业中心、学生工作部门由于缺乏专业化的知识储备，在开展高校就业创业教育改革工作时底气不足。部分专业的课程设置由于无法进入专业主流，况且短期内不能取得应有的效益，常常是单枪匹马、孤军奋战。许多教师以自己的原专业获得职称晋升，申请国家科研项目时很难找到准确的学科归属，多以管理学、教育学、经济学、社会学等为范围。学科“漂泊”状态使得从事就业创业教育的教师缺乏学科归属感，对于学者而言，学科就是学术职业，没有学科归属就意味着学术职业失败。因此，迫切需要建设专属的发展平台。

创新创业教师的种类主要有三类，一是学院类，二是兴趣类，三是公益类，不同种类的教师需要拥有差异化的发展平台，以突出教师类别优势，满足其个性化职业发展需求。其中，对于学院类与兴趣类的创新创业教师，应为其提供丰富的实训资源。而对于公益类的创新创业教师，需要针对其理论储备的提升加以培训，加速这类教师由实践向学术方向的转型与过渡。

参 考 文 献

[1] 金德禄．大学生职业生涯规划与就业指导[M]．南京：东南大学出版社，2020．
[2] 施佩刁，宋新辉．大学生职业生涯规划与就业指导[M]．北京：北京邮电出版社，2020．
[3] 张同胜，何嘉，杨洪林．职业生涯与发展规划[M]．长春：吉林人民出版社，2019．
[4] 张明琴．职业生涯规划[M]．成都：电子科技大学出版社，2019．
[5] 姜力源，张镝．职业生涯规划与就业创业[M]．北京：中国医药科技出版社，2018．
[6] 石洪发．大学生职业生涯规划[M]．北京：北京理工大学出版社，2020．
[7] 高阳．大学生职业生涯规划与就业指导[M]．成都：电子科技大学出版社，2019．
[8] 李国庆，孙金一，张源峰．大学生职业生涯规划与就业指导[M]．上海：上海交通大学出版社，2019．
[9] 周清，何独明．大学生职业生涯规划与就业指导[M]．北京：北京理工大学出版社，2019．
[10] 何具海．大学生职业生涯规划与就业指导[M]．长春：吉林人民出版社，2019．
[11] 卞成林．大学生职业生涯规划与就业指导[M]．桂林：广西师范大学出版社，2019．
[12] 何文波．大学生职业生涯规划与就业指导[M]．湘潭：湘潭大学出版社，2019．
[13] 郑芝鸿，翁琳．职业生涯规划与就业创业指导[M]．成都：电子科技大学出版社，2019．
[14] 张琳，李中斌，王杨．大学生职业生涯规划与就业指导[M]．上海：上海交通大学出版社，2018．
[15] 黄波．职业生涯与发展规划[M]．长沙：湖南教育出版社，2018．
[16] 秦辉，陈靖，余群．职业生涯规划与就业指导[M]．长春：吉林大学出

版社，2017.
[17] 郭帆，崔正华．大学生职业生涯规划与就业指导[M]．南京：东南大学出版社，2018.
[18] 王林，王天英，杨新惠．大学生职业生涯与就业指导[M]．北京：中国铁道出版社，2018.
[19] 刘玉升．大学生职业生涯规划与就业指导[M]．苏州：苏州大学出版社，2018.
[20] 张卿，王孝胜．大学生职业生涯规划与就业指导[M]．西安：西北工业大学出版社，2018.
[21] 舒卫华．大学生职业生涯发展与就业指导[M]．武汉：华中科技大学出版社，2018.
[22] 闵杰．当代大学生就业指导与职业生涯规划[M]．长春：吉林大学出版社，2020.
[23] 许珂瑶．大学生职业生涯规划问题与对策[J]．合作经济与科技，2021（22）：86-87.
[24] 杨阳．新媒体背景下强化大学生职业生涯规划教育[J]．教书育人（高教论坛），2021（30）：26-28.
[25] 顾盼盼，刘政，陈玲．新时代辅导员指导大学生就业路径探析[J]．现代商贸工业，2021（32）：75-76.
[26] 王丽．如何构建大学生精准就业服务体系[J]．人才资源开发，2021（20）：45-46.
[27] 鲍敬敬，薛会来，赵利勇．高校大学生就业外促内生动力机制研究[J]．商业文化，2021（29）：136-137.
[28] 刘薇．大数据背景下的大学生就业指导精准化探析[J]．创新创业理论研究与实践，2021（18）：145-147.
[29] 翟雨翔，王佳，杨红娟．高校大学生职业生涯规划体系构建研究[J]．大众标准化，2021（18）：188-190.
[30] 肖玉梅．职业生涯规划视角下大学生就业困境及策略研究[J]．就业与保障，2021（17）：80-81.
[31] 李红霞．以职业生涯规划为核心的大学生全程就业教育体系研究[J]．产业与科技论坛，2021（18）：271-272.
[32] 梁山．基于职业锚理论的经管类大学生就业指导研究[J]．西部皮革，2021（17）：51-52.

[33] 王学臣，周琰．大学生职业生涯规划影响因素与教育对策[J]．中国成人教育，2021（17）：28-32．
[34] 季小燕．大学生职业生涯的职业兴趣探索[J]．现代职业教育，2021（36）：142-143．
[35] 杨洁，缪海燕．新生代大学生职业生涯规划能力提升研究[J]．科教文汇（下旬刊），2021（8）：28-29．
[36] 廖小慧．新时代大学生就业指导实践创新路径[J]．人才资源开发，2021（16）：54-55．
[37] 董兰国，宁利红．大学生职业生涯规划能力与创新创业能力提升路径研究[J]．科教文汇（中旬刊），2021（8）：27-29．
[38] 李畅．大学生就业指导服务的多元主体协同机制创新[J]．产业与科技论坛，2021（16）：227-228．
[39] 景文秀，张雷．论职业生涯规划在大学生就业指导工作中的作用[J]．就业与保障，2021（15）：66-67．
[40] 成翠雄．基于职业生涯规划的大学生创新创业教育模式探索[J]．就业与保障，2021（15）：88-89．
[41] 季小燕．职业生涯规划在大学生就业指导工作中的应用[J]．现代交际，2021（15）：145-147．
[42] 王芸芸．高校就业指导服务体系构建探析[J]．大学，2021（30）：151-154．
[43] 卢勃如，胡雪健．“互联网+”视域下大学生就业指导分析[J]．今日财富（中国知识产权），2021（8）：229-230．
[44] 孙宇涵．大学生就业指导存在的问题及对策[J]．教育信息化论坛，2021（8）：106-107．
[45] 关顺贤，韩培淳．关于当前大学生“慢就业”问题的探讨[J]．辽宁科技学院学报，2021（3）：103-104．
[46] 黄冬梅，王瑞欣．基于职业生涯规划视角的大学生就业力提升路径探索[J]．经济研究导刊，2021（13）：98-100．